O CORPO

CB004689

Coleção: Episteme – Política, História – Clínica
Coordenador Manoel Barros da Motta
(Obras a serem publicadas)

Cristianismo: Dicionário, do Tempo, dos Lugares e dos Símbolos
André Vauchez

Filosofia do Odor
Chantal Jaquet

A Democracia Internet
Dominique Cardon

A Loucura Maníaco-Depressiva
Emil Kraepelin

A Razão e os Remédios
François Dagognet

O Corpo
François Dagognet

Estudos de História e de Filosofia das Ciências
Georges Canguilhem

O Conhecimento da Vida
Georges Canguilhem

Realizar-se ou se Superar – Ensaio sobre o Esporte Contemporâneo
Isabelle Queval

Filosofia das Ciências
Jean Cavaillès

História da Filosofia Política
Leo Straus e Joseph Cropsey

História do Egito Antigo
Nicolas Grimal

Introdução à Europa Medieval 300 – 1550
Peter Hoppenbrouwers – Wim Blockmans

O CORPO
FRANÇOIS DAGOGNET

Tradução de
Michel Jean Maurice Vincent

Revisão Técnica de
Manoel Barros da Motta

FORENSE
UNIVERSITÁRIA

Rio de Janeiro

▪ **Traduzido de**
LE CORPS, PREMIER ÉDITION
© **Les Empêcheurs de penser em Rond, 1992.**
ISBN: 978-2-13-057116-2
All Rights Reserved.

▪ **O Corpo**
ISBN 978-85-309-3593-1
Direitos exclusivos para o Brasil na língua portuguesa
Copyright © 2012 by
FORENSE UNIVERSITÁRIA um selo da EDITORA FORENSE LTDA.
Uma editora integrante do GEN | Grupo Editorial Nacional
Travessa do Ouvidor, 11 – 6º andar – 20040-040 – Rio de Janeiro – RJ
Tel.: (0XX21) 3543-0770 – Fax: (0XX21) 3543-0896
bilacpinto@grupogen.com.br | www.grupogen.com.br

1ª edição brasileira – 2012

Tradução de Michel Jean Maurice Vincent
Revisão Técnica de Manoel Barros da Motta

▪ CIP – Brasil. Catalogação-na-fonte.
Sindicato Nacional dos Editores de Livros, RJ.

D127c

Dagognet, François, 1924-

O corpo/François Dagognet; tradução de Michel Jean Maurice Vincent; revisão técnica de Manoel Barros da Motta. – Rio de Janeiro: Forense, 2012.

(Episteme: política, história, clínica)

Tradução de: Le corps
ISBN 978-85-309-3593-1

1. Corpo humano (Filosofia). 2. Corpo e mente. I. Título. II. Série.

11-8123.

CDD: 128
CDU: 128

Índice Sistemático

Grupo
Editorial
Nacional

O GEN | Grupo Editorial Nacional reúne as editoras Guanabara Koogan, Santos, Roca, AC Farmacêutica, Forense, Método, LTC, E.P.U. e Forense Universitária, que publicam nas áreas científica, técnica e profissional.

Essas empresas, respeitadas no mercado editorial, construíram catálogos inigualáveis, com obras que têm sido decisivas na formação acadêmica e no aperfeiçoamento de várias gerações de profissionais e de estudantes de Administração, Direito, Enfermagem, Engenharia, Fisioterapia, Medicina, Odontologia, Educação Física e muitas outras ciências, tendo se tornado sinônimo de seriedade e respeito.

Nossa missão é prover o melhor conteúdo científico e distribuí-lo de maneira flexível e conveniente, a preços justos, gerando benefícios e servindo a autores, docentes, livreiros, funcionários, colaboradores e acionistas.

Nosso comportamento ético incondicional e nossa responsabilidade social e ambiental são reforçados pela natureza educacional de nossa atividade, sem comprometer o crescimento contínuo e a rentabilidade do grupo.

Introdução

Propomo-nos tratar do insondável corpo humano, indicando os "por quês" e os "como".

Inicialmente, detenhamo-nos apenas nas próprias palavras, origem das primeiras dificuldades. Esse substantivo (corpo) vem do latim *corpus, corporis*, resultando na família: corpulência, incorporar etc. Esse *corpus* se referia ao corpo morto, o cadáver, ou mesmo à carniça, em contraposição à alma (anima). E esse corpo ampliava o antigo indo-iraniano "krp", que designava a forma.[1]

O grego também adotava igualmente dois termos: o "*soma*" também, para o corpo morto (ele entrará nas nossas locuções eruditas tais como "somatopsiquismo, somatognosia, somatização, ou mesmo o somático, em oposição ao gérmen) e o "*demas*" (o vivente).

Já resulta, daí, uma série de consequências:

a) Primeiro, não podemos justificar a existência de várias palavras primitivas (*corpus, soma*) às quais acrescentaremos o *body* inglês, ao passo que não nos surpreendemos nem com o "*corps*" (a palavra francesa vem direto do latim), nem com o "*körper*" alemão, que devem provir da mesma raiz.

b) No vocabulário mais antigo (o greco-latino) inicia-se a separação, que atravessará os séculos e as culturas, entre o material

---

1   Ernout; Meillet. *Dictionnaire étymologique de la langue latine*, Histoire des mots *(corpus).*

e o mental (já que a palavra corpo remete ao corpo morto): o dualismo que prenuncia o maniqueísmo aí se implanta; o espiritual foi enaltecido, para poder rebaixar seu oposto.

c) Resulta que a conotação material predominará bastante: o *corpus* representa o sólido, o tangível, o que é sensível e, principalmente, o que é banhado pela luz e é, portanto, bem visível (a forma).

d) Como todo corpo é composto por vários elementos que congrega, poderá tornar-se logo um termo conveniente para designar tudo aquilo que reúne (a corporação). Até o corpúsculo inclui toda uma coleção (de unidades ainda menores). Ao se alargar, o termo acaba designando os mais diversos conjuntos: o corpo de uma doutrina (todas as suas proposições encadeadas, um palácio de ideias) ou o corpo central de uma edificação etc.

e) Um próximo, a carne – de onde vem carnal – decorre, tanto em grego (*sarx*) como em latim (*caro*), da mesma raiz.

O *sarx* grego (originando, mais tarde, carniceiro, sarcófago e, em especial, sarcoma) implica o *Keiro* (corto, tosquio, destaco) pelo fato de ser compartilhada a carne dos animais, quer nos sacrifícios, quer nas refeições em comum. *Sarx, sarko, sarkes* nos introduzem a carnes.[2]

Encontramos a mesma ideia em *caro-carnis* que se flexiona em *corium* (o couro, a pele do animal, a casca da árvore, que eram destacadas) e, principalmente, no córtex, a membrana que envolve o cérebro.[3]

Esta palavra *caro* designa, entretanto, a carne (alimento), antes de adquirir um significado mais elevado de carne, com conotação ao mesmo tempo religiosa e médica, embora o carnal, vindo de mais baixo, pareça, às vezes, predominar sobre o corporal, mais distante que ele do espiritual.

* * *

---

2   P. Chantraine. *Dictionnaire étymologique de la langue grecque*, Histoire des mots *(artigo soma e sarx).*

3   Retomamos as grandes linhas de um artigo escrito a respeito da palavra corpo (a ser publicado).

Apraz-nos notar que esta bela palavra, corpo, destinada a crescer e ampliar-se, é aplicada primeiro a seres inteiramente materiais tais com o sal marinho, o giz, o cristal de rocha etc., que são realmente "corpos".

Esses corpos têm as principais características: a estabilidade (resistem àquilo que poderia destruí-los com facilidade), a solidez, prova da solidariedade entre seus componentes, a coerência, para não falar na coesão nem no aspecto figurável (fácies próprio de cada, possibilitando um rápido diagnóstico).

Aplicamo-nos em separar bem este grupo das simples misturas, dos amálgamas, das ligas (já sólidas alianças) que ultrapassam, por sua vez, os purês, as macedônias e as numerosas misturas sem qualquer ordem: eles já conseguem unir, mais ou menos, os elementos e agregá-los, mas quantos sinais de heterogeneidade ainda persistem!

Não esqueçamos, a esse respeito, a famosa polêmica entre Proust e Berthollet: em uma palavra, resultava que os componentes se uniam em proporções sempre fixas e segundo relações sempre simples (exprimíveis por números primos) nas combinações – os verdadeiros corpos –, enquanto, nas misturas, as proporções de composição variam ou mudam. Resulta, pois, que nesse último caso poderemos separar os elementos que não se fundiram realmente (pseudounidades).

Chamamos a atenção sobe o "amontoado, a mistura" ou o "monte" que nos parecem configurar um "ser" quando só constituem, de fato, ligações contingentes, sobreposições, ou simples confluência.

Em um corpo verdadeiro, o todo prevalece sobre as partes; é exatamente por isso que ele se impõe, com sua novidade e seu poder. Lembremos, a respeito, as regras da "diadoxia": nesses seres estruturados (como um cristal) é possível realizar substituições e alguns rearranjos importantes, desde que os "substitutos" respeitem as restrições, tanto métricas (dimensões) quanto eletrônicas (cargas). Nem por se isto modifica o esqueleto que acomoda os componentes: sua prevalência é tão forte que ele aceita, no limite, unidades ligeiramente diferentes (basta que se possa contar com suas semelhanças).

Entretanto, também falta a esses corpos aquilo que podemos considerar essencial: se, estritamente falando, um ou outro cristal pode "se refazer" (quando novamente imerso na sua "água-mãe"), ele não é capaz de se reproduzir, nem mesmo de escapar às quebras ou às fragmentações.

É claro que o ser vegetal não conhece essas limitações: ele se espalha e se multiplica, resiste às agressões, renova-se através de gerações; a imutabilidade (da pedra), pois, não deve ser enaltecida em demasia – o corpo vegetal, além de subsistir, também se adapta. Ainda mais notável é que, nesse caso, um único fragmento (a *pars totalis*) basta para reconstituir o todo (o broteamento). Aliás, é menos o todo que reúne e coordena as partes do que uma soma de partes que se agregam melhor porque cada uma reflete o todo e ele equivale. Este corpo pertence a um sistema federativo, daí resultando as possibilidades residuais de desligamento e de autonomia fragmentária.

É preciso esperar o animal evoluído para que as partes estejam tão assimiladas e fundidas, a ponto de perderem qualquer capacidade de emancipação. O corpo atinge, então, o paroxismo da unidade. Não deixaremos de mostrar que perduram, nos animais, resíduos metaméricos (as regiões segmentárias), mas o corpo do homem misturou tão bem seus componentes que tornou impossível individualizá-los, a não ser que se reveja todo o filme embriológico. Eis por que o corpo humano, único, deve merecer toda a nossa atenção.

* * *

Após ter lembrado as principais teorias biofilosóficas a seu respeito (o que é o corpo?), nós mesmos o visualizamos através dos seus diversos estratos (o objetivo, o vivido, o social ou, ainda, "o corpo em si", o "corpo para si próprio", o "corpo para o outro"). Mas por que intervir no debate sobre sua natureza e os problemas que ele suscita?

Primeiro, por muito tempo, a filosofia ignorou ou rebaixou o corpo. O pensamento religioso, mal interpretado, sem dúvida, também contribuiu nesse sentido: fonte de prazer e de pecado o corpo era tido, então, como suspeito. O filósofo sempre lhe contrapôs o espírito. Prefere os "estados de consciência". Parece-lhe mais fácil conhecer-se a si mesmo (o ego) do que ao corpo. Não rompe facilmente com o mentalismo. De bom grado, deixa o corpo para os antropólogos, os etnólogos, até aos médicos, ou, o que é pior, aos anatomistas (o aspecto cadavérico), para rebaixá-lo ainda mais.

Quando a filosofia parecia reabilitar o corpo, ela o transformava em simples instrumento a serviço do pré-reflexivo para animar, através dele, comportamentos sutis.

Eis a prova: as deslumbrantes páginas de Sartre dedicadas ao corpo (em *O Ser e o Nada*) acabam, de fato, por volatilizá-lo. Não contemos com o "corpo visto pelo outro", que logo procura coisificá-lo.

O que é o corpo, para Sartre, senão aquilo que me dá sempre um ponto de vista sobre o mundo, enquanto sobre ele não podemos ter qualquer ponto de vista (a consciência não posicional de si)?

O corpo vivido, aquele que tem maior peso, foi irrealizado, ou quase. Sartre escreve: "Ter um corpo é ser o fundamento de seu próprio nada, não ser o fundamento de seu ser. Sou um corpo na medida em que sou; não o sou na medida em que não sou aquilo que sou. É pela minha nadificação que escapo dele".[4]

Algumas linhas depois, o filósofo determina: "A condição necessária para que eu seja – para além de um mundo que faço vir ao sê-lo – o que não sou e para que eu não seja o que sou é que, no âmago do procurar infinito do que sou, haja um dado inalcançável. Deste ponto de vista, o corpo, isto é, esse dado inalcançável, é condição necessária da minha ação".

Aliás, nas análises que seguem a mesma orientação quanto à emoção, Sartre mostrava realmente como o corpo permitia à consciência transformar-se em "um em si" (daí o desmaio, uma perda

---

4   Jean-Paul Sartre. *L'être et le néant*. Tel: Gallimard. p. 375.

de consciência) para escapar de uma situação perigosa ou assustadora, como se pudéssemos decidir (o por si tornando-se em si) nossas reações mais explosivas.

Arriscando-nos a perder o rumo e cair no mais banal positivismo, desejamos evitar a ruptura de um corpo dividido entre o subjetivo e o objetivo.

Chegamos a reconhecer a existência de vários corpos no próprio corpo, mas eles são, entretanto, capazes de conjunção, desde que sejam dadas, às estruturas portadoras, suas verdadeiras dimensões, complexidades e cargas históricas. Não se deve reduzir um dos dois termos da relação (simbiótica) ao outro. Se, por um lado, a biomedicina tende a reduzir a personalidade ao corpo, por outro lado, o filósofo corre o risco de subordinar excessivamente o corpo ao simples ego.

Pareceu-nos, portanto, que o psiquismo cria realmente raízes no corpo que ele formata e renova ("a alma faz o seu corpo"), ao mesmo tempo em que esse o chama, o torna possível e o socorre.

Afora a obrigação metodológica de reajuntar os vários corpos que a análise foi forçada a tratar em separado, e também de reintegrar o somático na compreensão geral da corporeidade, parece-nos que o filósofo deve "voltar" ao próprio corpo.

De fato, desenvolve-se, hoje, uma indústria com múltiplas formas que ataca o próprio corpo: até onde admiti-la? Onde ficará o limite do seu avanço?

De um lado, desenvolve-se uma tecnologia da transformação. A cirurgia estética dela participa: estica a pele que se tornara flácida; apaga cicatrizes; garante que a epiderme fique lisa, realiza depilações; recompõe um nariz adunco, quebrado ou de comprimento excessivo (rinoplastia). Ela consegue realizar metamorfoses surpreendentes, intermediárias entre a medicina reparadora e a cosmética.

Por outro lado, a farmacologia oferece vários tratamentos, quer para emagrecer, quer para intensificar nossos desempenhos. Consegue reduzir o crescimento (da cintura) ou, ao contrário, aumentá-lo. Regula a duração do nosso sono, adaptando-o às nossas necessidades, e intervém na maioria das funções.

O mundo moderno chega ao ponto de participar de um mercado no qual os corpos são trocados ou vendidos. Se ninguém ignora ou contesta o respeito devido ao caráter intocável e pessoal do nosso corpo, não poderíamos impedir, por esses mesmos motivos, que ele fosse embelezado ou reavivado.

A sociedade contemporânea protege o corpo, mas explora-o, também (a partir dos espetáculos de esportes e sua profissionalização). Então, onde está a fronteira?

Encerremos, também, nossas análises, com o espinhoso problema da "doação de órgãos" (a contestação da lei Caillavet, de 22 de setembro 1976, seguida, em 1978, pelo respectivo decreto de aplicação, a teoria do consentimento presumido). Abrimos, assim, uma brecha que conduz a uma provável reforma da Constituição, no tocante à propriedade absoluta de cada pessoa sobre seu corpo, ameaçada, e sobre sua não utilização, ainda que para fins terapêuticos.

Já a lei (de 12 de dezembro 1988) dos senadores Huriet e Sérusclat provoca protestos, visto que os doentes, mediante vantagens materiais mais ou menos explícitas, podem servir de cobaias para a experimentação de remédios ou de novas substâncias. Eles oferecem seus corpos para prova de produtos eventualmente tóxicos.

Levantamos apenas algumas das difíceis questões biojurídicas, destinadas a rejuvenescer e a impor a questão geral de um corpo, que não podemos nem devemos enganar.

Capítulo 1

As Primeiras Teorias do Corpo

Começaremos, como deve ser, pelos filósofos da Grécia: o corpo se situa no próprio centro dos sistemas que eles criaram.

Adotaram visões muitas vezes opostas sobre o corpo, confrontaram-se, sem cessar a seu respeito, e variaram mais ou menos entre si mesmos. É que pensamos conhecê-lo, enquanto ele, de fato, desorienta. Insondável, enigmático, ele detém o pensamento; como veremos, os teóricos se enfrentam, sem tréguas, em uma guerra que perdura até hoje. Conseguiremos alcançar uma trégua?

O exame dos filósofos gregos nos parece indispensável: com eles, delimitamos o campo de ação e, principalmente, aprendemos a recensear as "representações fundamentais" de um corpo que entra como senhor no cenário cultural.

* * *

Platão – começaremos por ele – fez questão de nos alertar contra o corpo por ser tenebroso e, muitas vezes, indomável, cheio de tendências violentas e incoercíveis. O filósofo pretende exaltar o "autodomínio" graças, precisamente, ao domínio daquilo que nos pareceu excessivo e miserável, fonte de perdição.

Com ele, o modelo gnóstico deveria predominar: esse modelo irá conformar as religiões orientais e, mais tarde, inspirar o judaísmo heterodoxo e, não menos, as correntes cristãs.

Essa palavra "gnose" significa o conhecimento: o gnóstico sustenta que seres, puramente espirituais na origem, se encarnaram: foram precipitados no universo dos sentidos e do pecado.

Convém, então, morrer para esse mundo e, assim, recuperar o que foi perdido, a pátria do puro espírito (catarismo incoativo).

O platonismo, embora o limitemos, desenvolverá com brilho esta concepção, simultaneamente ascética e dualista: a filosofia de um corpo inimigo e desvalorizado.

O Fedon exprime isto nitidamente: afasta o sensorial que impede o acesso ao verdadeiro. De uma ponta a outra, o corpo nos engana. Platão enaltece, pois, "aquele que se afasta do sensível, que se priva, tanto dos olhos, quanto dos ouvidos para alcançar o verdadeiro" (tema conhecido: filosofar ou pensar consiste em aprender a morrer, isto é, separar-se do envoltório corporal que nos perturba e nos perde).

O corpo, como elemento mau, só nos traz ilusões, sujeiras, erros, preocupações, decepções: ele nos enche, também, "de amores, desejos, temores, quimeras de todo tipo, de inúmeras tolices... Guerras, discussões, batalhas, só o corpo e seus apetites são os causadores, pois só guerreamos para acumular riquezas e somos forçados a fazê-lo por causa do corpo, cujo serviço nos mantém escravizados".[1] Assim, esse corporal provoca a perda, tanto do indivíduo quando da Cidade (coletividade).

A alma caiu nesse corpo que a escraviza: a palavra corpo (soma) aproxima-se, aliás, de "sema" (o túmulo), conforme o Crátilo: "Os Órficos estabeleceram esse nome (o do corpo-túmulo) no pensamento de que a alma paga pelos erros dos quais ela é punida".

O platonismo não cessou de ligar o corpo ao futuro, ao perecível, ao instável, ao insignificante. É por isto que ele propõe livrar-nos dele.

O Fedon refuta habilmente a tese que procurava solidarizá-los: Simmias compara, de fato, a alma à harmonia de uma lira. Ora, esta harmonia desaparece quando o instrumento se quebra; portanto ela depende dele. A alma seria a realização do corpo quando ele conhece seu pleno exercício: já não se pode mais separá-los.

---

1   Fedon, 66 c.

Mas, se para Platão o som mais puro nasce realmente das cordas e das suas vibrações, a alma está longe de ser semelhante; comanda aquilo que a serve e, por conseguinte, transcende ao mesmo. Ela até luta contra aquilo de que parece depender – prova de sua autonomia. Não podemos encará-la como um "efeito": "Se, por exemplo, o corpo sente calor e sede, ela o retém para que não beba..."[2] Este princípio de decisão, de movimento, não resulta daquilo a que ele se impõe.

O Fedon prega, pois, a mortificação: mostra-nos os perigos desse corpo que está na origem da sensação (o domínio intelectual) e do prazer (o domínio da ação), que desorganizam o homem, nos dois casos. Em outros diálogos, o psiquismo é comparado a um coche alado, puxado por dois cavalos: se o branco mantém-se dócil, obedecendo à voz do cocheiro (a alma), o preto, pelo contrário, fogoso demais, simboliza a não razão, a insubmissão.

Em outra parte, por exemplo, Erixímaco, o médico do *Banquete*, chama de mau o amante vulgar que ama mais o corpo que a alma: falta, então, à dialética o Eros que nos deve elevar e conduzir-nos ao próprio Belo. Mais precisamente, o médico (Asclépios) empenha-se em favorecer os movimentos mais sadios e impedir-nos os devassos (a medicina, segundo Erixímaco, é governada inteiramente pelo deus Eros...).

Quanto à ciência, ela ficaria encarregada de evidenciar os erros disseminados pela psicofisiologia: assim, o verdadeiro astrônomo evitará observar os astros e suas evoluções; embora visíveis ao alto, eles não deixam de abusar. O Céu material assemelha-se bastante aos "ornatos dos tetos" e nos desvia do verdadeiro: só uma geometria em movimento poderá nos ajudar a entrar nas "formas reais" e a fundar uma mecânica racional; assim também é para a ciência dos sólidos, a física, que nos protegerá da confusão. O sensível só pode deformar e ocultar o inteligível; não permite alcançá-lo.

Argumento modesto do platonismo: observamos que Simmias, menor que Fedon, é mais alto que Sócrates: então, ele é bai-

---

2   Fedon, 94 b.

xo ou alto? Podemos sustentar tanto uma coisa quanto a outra. A resposta muda com o referente.

Através desta simples constatação visual, pensamos entender por que o sensorial nos deixa na incerteza e, até, em contradição (Simmias, simultaneamente, alto e baixo). Só a ciência dos números, das figuras e dos corpos "neles mesmos e por eles mesmos" (as essências) nos libertará desta variabilidade e deste equívoco, ligados ao vivido.

Nesse processo feito ao corpo, Górgias irá mais longe, insistirá na sua vulnerabilidade e nos perigos que provoca: é por causa do corpo que sucumbimos às aparências e às seduções mais enganosas. Para ele, nós já estávamos acorrentados, mas os mais hábeis aumentarão nossa servidão. Platão enumera quatro registros através dos quais se infiltra a lisonja: primeiro, a toalete (entendemos, aqui, a maquiagem, os cosméticos, as cores e os vernizes, as vestimentas, enfim, tudo o que esconde o natural); em seguida, a cozinha (para os gregos, o excesso de alimentos, uma dietética desviada, explica a patologia) e, enfim, a retórica e a sofística, onde brilham os bem-falantes e os demagogos. Eles nos convencem e, assim, caminhamos para nossa perda, por falta de refletirmos e de nos defendermos daquilo que nos impressiona.

Já mencionamos – e voltamos a encontrar – que o que perturba o indivíduo compromete também a Cidade; conhecemos o agente causador desse desvio – o apego ao corpo ou a escuta dele, a recusa de deixá-lo, para aceder ao verdadeiro.

Mas os filósofos evoluem: Platão nos fornece, também, outros recursos para entender a corporeidade incapturável e polimórfica.

De fato, outros *Diálogos* nos propõem outra concepção pela qual o pensador... nos leva menos a excluir o corpo (a ascese purificadora) do que a assumi-lo e acomodar-nos com ele. Torna-se, ele, até indispensável para uma vida equilibrada e participa na edificação da sabedoria.

O *Político* chega, aliás, com esta concepção, a uma surpreendente legislação referente aos casamentos civis; ela ajustará os temperamentos, ao contrário da tendência que leva as pessoas a desposar aquele ou aquela com quem tem semelhanças, como se o corpo, na ausência da regra social, descesse sempre o declive do ilimitado e da intensificação desmedida. Ele corre à sua perda, resultando daí uma acentuação perigosa, quer das qualidades, quer dos defeitos. Mas, aqui, o "tecelão real", o representante do Estado, procurará o inverso, entrelaçando os extremos para realizar a medida, "a sabedoria do corpo". Basta de quase nada (a lei dos casamentos) para nos salvar.

Quando o caráter forte se reproduz ao longo de várias gerações, degenera em furor; assim também, se o moderado se une ao seu semelhante, acaba por produzir sujeitos covardes e submissos. Importa, apenas, misturar os violentos aos fracos e vice-versa. Doravante, importa menos condenar a falta de medidas ou as paixões do que combiná-las de forma que se compensem umas às outras. Assim, nascerão indivíduos abertos à temperança, trilhando o caminho do equilíbrio e da sabedoria. A oportuna associação dos corpos impede os desvios ou excessos.

Lembremos, ainda, que o guerreiro da *República* também é chamado a governar a sociedade, já que os futuros administradores são escolhidos entre os mais dotados: ora, ele se destaca exatamente por uma natureza ponderada – ao mesmo tempo, a violência possível, mas, também, a reserva ou a moderação, que a ginástica (resistência e força física) e a música (tranquilidade e controle rítmico) se encarregavam de reforçar. Guerra a todo desnível ou aumento dos extremos! Doravante, conseguimos harmonizar os corpos ou corrigi-los deles mesmos.

O *Filebo*, por sua parte, não reabilitou o prazer, excluindo da síntese final apenas aquilo que não pode ser proporcionado ou que apresenta demasiadas impurezas? Não chega esse diálogo a preconizar, até, "a mistura da inteligência e da sensação", antes tão condenada? Excluem-se apenas da mescla "os companheiros inseparáveis da loucura e do vício". O *Filebo* abre, assim, um novo caminho entre o relativismo heraclítico (o múltiplo) e o imobilismo eleático (o uno) para louvar a filosofia que une os dois, condicionada apenas a ser regrada e ordenada. Como foi dito tão bem por Sócrates, "todo composto, qualquer que seja, e qualquer que seja a matéria de que é formado, se faltar-lhe medida e proporções, arruína, necessariamente, seus elementos componentes e, em primeiro lugar, a si mesmo. Torna-se um amontoado desordenado, que sempre é um mal para seus donos.

Não é tanto essa solução que prende nossa atenção, mas a notável mudança de visão: doravante o corporal condiciona a vida do sábio que se entrega bastante aos prazeres sensoriais mais diversos: os visuais (formas e cores), os auditivos (sons harmoniosos) e, até, os gustativos e os olfativos, "ainda que o prazer propiciado pelos odores pertença a um gênero menos divino".

O *Político* regenerou os corpos, uns pelos outros (as alianças dos opostos) para atingir um equilíbrio, enquanto o *Filebo* busca neles algo que torna a existência mais agradável e favorece, até, o jogo do pensamento. O quanto nos afastamos do tema dualista e maniqueísta quando o somático encarnava o mal, a decadência, e representava a culpabilidade (isso resultava, pelo menos, de um fracasso e de uma condenação).

Essa notável inflexão não chega a causar real surpresa: os pensadores da Grécia não celebraram o atleta, as Olimpíadas, também, as estátuas, como a do lançador de dardo ou, melhor ainda, a de Apolo? Não deram ao corpo sua importância, como base, ao mesmo tempo, da saúde, da energia, do equilíbrio? Não preconizaram, seguindo Hipócrates, os exercícios, os banhos, a respiração ao ar livre?

Os últimos *Diálogos* de Platão irão ainda além. Ao contrário de Nietzsche, que considera Platão um teórico doentio, aquele que condenou a vida (aprender a morrer) – o corpo ocupa espaço cada vez maior no seu sistema filosófico. Ele propiciará logo um modelo no qual, ou através do qual, torna-se possível entender toda a sociedade, o funcionamento político, a própria alma. Não há mais nada que não gire em torno do corpo ou que dele não dependa: longe de ocultar o invisível ou o imaterial, pelo contrário, este último será copiado nele. E, como ele, o corpo é diretamente acessível e exibe claramente ao exterior a ordem que o rege, vamos aceitá-lo e nele buscar inspiração! Tornou-se o corpo cada vez menos o que entendemos do que o que nos leva a entender todo o resto.

A esse respeito, o *Timeu* ultrapassa e consagra o artifício estabelecido na *República*: conceber a Cidade como refletindo o individual somático (a tripartição biomórfica). O corpo paradigmático resulta, de fato, da superposição de três esferas de volumes desiguais (decrescendo de baixo para cima) e solidamente escalonados: primeiro, a parte inferior, o abdome ou ventre (área da digestão e da reprodução); em seguida, o tórax ou o peito (que aloja o coração e, portanto, as paixões ou a emotividade) e, por fim, a cabeça (o centro da reflexão e das decisões). Essas duas últimas partes devem ser capazes de comunicação, para que seja assegurado o comando, o controle pelas faculdades superiores (o cérebro) – mas só através de um istmo (o pescoço) que limita as trocas. Entretanto, essas duas esferas devem ser protegidas, isoladas, portanto, da terceira, a de baixo, por uma barreira intransponível, o diafragma: se o instintivo conseguisse ultrapassá-lo, surgiria a pior desordem, a demência.

Para Platão, uma causa fisiológica que questiona a arquitetura corporal está na origem da desorientação: a queda de um muro que desmorona ante o furor pulsional (quer sexual, quer alimentar, isto é, a voracidade, a monopolização ou a violência possessiva). O filósofo chega até a concluir, de passagem, que não se deve castigar ou acusar o "doente mental" ou mesmo o colérico: "Quase todas as reprimendas que fazemos à falta de medida nos prazeres, como se os homens fossem voluntariamente maus, são reprimendas injustificáveis, pois ninguém é mau por querer. Os que são maus assim se tornaram devido a uma má disposição do corpo".[3] Platão se detém, aliás, nas causas de nossas doenças: às vezes, no lugar de acusar essa barreira protetora que se rompe, ele incrimina vapores ou humores ácidos (sutis, porém azedos) que vagueiam e se inserem entre todas as vísceras, chegando, então, às diversas sedes da alma. Resultam a tristeza, o abatimento ou o inverso, a brutalidade, a fúria instintiva.

---

3 *Timeu*, 86 d.

Mencionamos, aqui, que essa tripartição do platonismo (ventre, peito, cabeça) – embora Platão a tivesse recebido, ele próprio, de uma antiga tradição – ia conhecer (graças a ele) um desenvolvimento sem igual: a) em primeiro lugar, a fisiognomonia recorre a ela e a generaliza. Todos os segmentos do corpo, sem dúvida, a retomam e a propagam. A face, em especial, a resume e expõe: a mandíbula e a boca (o pulsional) equivalem ao abdominal; o nariz e os olhos, ao respiratório e à emotividade; a fronte, à cabeça e à vontade. Poderíamos ler diretamente, na parte apical, a projeção do corpo que se duplica e, principalmente, se concentra. A fisiognomonia cairá rapidamente nos excessos conhecidos, mas não deixará de aplicar o princípio da correspondência entre o topo e o todo e, por isto mesmo, trabalhará em favor da compreensão unificada do organismo (a reiteração somática).

Quem negaria, aliás, que uma boca proeminente (prognatismo), lábios carnudos, dentes salientes simbolizam, pelo menos, na imaginação popular, forças intelectuais mal contidas? E o inverso (nariz afilado, boca recuada, maxilares pouco salientes) não significa o empobrecimento e, sem dúvida, o amargor?

"Lábios finos e nariz em ponta nunca valeram nada", diz o provérbio maldoso.

A mesma tripartição morfobiológica (o demiurgo fabricou, aliás, o corpo-microcosmo a partir do animal-mundo, primeira analogia) servirá para dar conta de uma sociedade equilibrada (segunda analogia, imensa). Conforme Platão, ela também possui três níveis ou grupos – os artesãos-comerciantes, depois os soldados e, por fim, os legisladores (os *laboratores*, os *bellatores*, os *oratores*).

Ora, a paz e a prosperidade recompensam a sociedade que é governada não por um produtor (o artesão) ou um guerreiro (a ambição), mas por um sábio (o famoso filósofo-rei). O alto deve prevalecer, e não os poderes de baixo (as necessidades, a avidez, as riquezas), e, quanto ao intermediário (o exército), ele não deve tornar-se autônomo, isto é, tomar o poder, se não a cidade não escapará às crises, nem às conquistas, nem, por fim, à ruína.

Reencontramos, aí, o princípio que a morfologia corporal (bem constituída) ensina: a saúde do homem tem um papel francamente modelador.

Platão iria ultrapassar, ainda, essas análises ou generalizações, que já estão, porém, bem à frente do metafórico. Ele faz, então, a defesa da reconciliação verdadeira entre o corpo e sua alma. Reconhece, entretanto, as dificuldades dessa tarefa, visto que, na maioria das vezes, ou o organismo não se presta a isto, ou, então, a alma domina o corpo com excessiva dureza.

Eis uma citação que traduz uma dessas situações em que a colaboração psicofísica fica entravada: "Por exemplo, se o corpo tem pernas compridas demais ou algum outro membro desproporcional, ele não é apenas desengonçado, mas, ainda, se esse membro participa de qualquer trabalho com outros, ele sente muito cansaço, faz muitos movimentos convulsivos, em sentido errado, cai e causa mil sofrimentos a si próprio".[4] É preciso, então, restabelecer o equilíbrio ou a harmonia, seja por meio de exercícios ou de alguma prótese. A questão recai sempre em encontrar um meio de favorecer a unidade e de lutar contra o divórcio entre a alma e o corpo. Bela fórmula do platonismo: "Só existe um meio de salvação: não exercitar a alma sem o corpo, nem o corpo sem a alma".[5]

Platão chegou a analisar em detalhe os dois casos antitéticos da enfermidade: o corpo indomável e fisicamente desregulado, ou uma alma que excede demais o organismo. Contra essa patologia, ele recomenda "as práticas gestuais reconciliadoras", uma ginástica apropriada, recorrendo a movimentos ritmados. "De todos os movimentos, o melhor é o que o próprio corpo produz, nele mesmo, porque é o que mais se aproxima do movimento da inteligência e daquele do universo. O 'movimento que vem de outro agente é menos adequado, mas o pior é aquele, vindo de uma causa externa, que move o corpo parcialmente enquanto ele está deitado e em

---

4   Timeu, 87 e.
5   Idem, 88 b. Já iniciamos essas observações em *Le cerveu-citadelle*, 1982 (Coleção Les empêcheurs de penser en Rond).

repouso".[6] Platão condena, aí, o uso dos medicamentos: "Resulta, habitualmente (da prescrição), que enfermidades leves se tornem graves e que ocorram em maior número. É por isto que se deve controlar todas as doenças por um regime... e não irritar, com remédios, um mal refratário". Aqui Platão remete, ao que tudo indica, a Hipócrates e a seu naturalismo.

O corpo é, doravante, tão reconhecido e celebrado que traz, em si, as energias restauradoras (a *natura sola medicatrix*).

* * *

Cada século desenvolve "uma determinada imagem do corpo" e cada pensador (filósofo, biólogo, médico, ou até romancista ou artista plástico) não deixará de renovar esta imagem e torná-la mais precisa, tanto e tão bem, que o corpo natural pertence essencialmente à cultura que o constitui.

Justamente, os filósofos da Grécia nos propõem versões diferentes: após Platão, Aristóteles levou isso em conta. Devemos examinar esta nova concepção: nosso trabalho não pode evitar o percurso cumulativo ou rapsódico.

Ganharemos com ele: por um lado, Aristóteles não precisa desligar-se (como Platão) da teoria dualista; para ele, de fato, a ideia informa a matéria ou, mais exatamente, a alma e o corpo não se distinguem mais. E o vivente realiza tão bem a união substancial, que o psicofisiológico (o hilemorfismo) servirá, cada vez mais, de fundamento para seu sistema. Por outro lado, o corpo deixará de ser encarado sob um ponto de vista religioso (o orfismo) ou moral (o domínio) para ser visto de um ponto de vista ontológico, talvez gnosiológico. Abre-se uma nova forma de inteligibilidade.

Principalmente, o corpo humano triunfará, porque nele ocorre a adequação mais completa entre a ideia e o substrato; entretanto, já observamos em todos os seres vivos as primícias dessa simbiose.

Ninguém se interessará, mais que Aristóteles, pelo corpo, na medida em que ele possibilita e traz em si a "animação". Para ele, a

---

6   Idem.

matéria pura ou "primeira" não existe: ela já é organizada e tende a ações. O filósofo sabe também que, em uma casa, por exemplo, as pedras e os tijolos não se separam da realização, isto é, do projeto do arquiteto: da mesma forma, tão semelhante às operações da arte, os materiais são dispostos tendo em vista determinada finalidade. O estudo das causas materiais se confunde com o das causas finais; estas importam até mais que aquelas.

A estrutura orgânica – os elementos de base da corporeidade animal ou humana – deve ser tramada de forma favorável, para assegurar o funcionamento que ela procura; as regras de composição decidem como. Aqui, Aristóteles devia distinguir as partes homeômeras das não homeômeras. As primeiras correspondem aos tecidos (o estático), formados, eles próprios, com base nos quatro elementos primitivos (água, terra, ar e fogo), resultantes, por sua vez, de acoplamentos apropriados, a partir do quente, do frio, do seco e do úmido (quente e seco originam, então, o fogo; quente e úmido, o ar; frio e seco, a terra; frio e úmido, a água). É óbvio que ficam excluídas as alianças impossíveis ente opostos como quente e frio, ou seco e úmido. Com essas primeiras associações temperadas, reunidas, elas mesmas, em proporções selecionadas, chegamos, pois, aos tecidos (os homeômeros) com suas propriedades específicas, dependendo da importância do úmido (no sangue, na bile...) ou da dureza (a primazia do seco, que dará o osso, a cartilagem, o espinho, o tendão, até os dutos). É certo que, com essa última combinação, o tecido servirá para protegê-la ou para envolvê-la (a carne mole).

O constituinte basal nasce, a partir de agora, da variedade e da harmonia das associações de unidades, acordadas entre si: chegamos às partículas não homeômeras, aos órgãos encarregados de funções especializadas – tal como a articulação que deve favorecer o "dobramento" (portanto, a flexibilidade e certo grau de umidade), bem como a tensão e a resistência (certa rigidez). Os dois opostos permitem, então, o movimento.

Observemos que, aqui, Aristóteles privilegia o conjunto e não as partes que ele congrega. Ele ratifica ou amplia a distinção entre mistura e combinação.

Alguns físicos negam a existência dessa "síntese" material, a pretexto de que, se dois constituintes permanecem inalterados ou se um deles é destruído, não podemos mais dizer que eles se combinaram – mas, se ambos são destruídos, não podem, evidentemente, continuar existindo e, portanto, formar um verdadeiro agregado. A essas observações quase sofísticas, Aristóteles responde que nenhuma dessas hipóteses se realiza; os elementos não são, com efeito, nem inalterados nem abolidos. O corpo material não surge por justaposições, mas sim por entrelaçamento das unidades para formar uma síntese: cada um dos dois constituintes modifica o outro, a fim de trazê-lo para uma situação mediana original; embora seja muitas vezes possível reverter ao estado anterior, não deixa de ter sido criado um complexo que ultrapassa seus componentes. O calor provoca um rápido e engenhoso acoplamento: aliado ao seco, ele já deu o fogo, do mesmo modo que produz o ar, quando se junta à umidade. E, por outro lado, como já assinalamos, o frio, com a mesma umidade, produzirá a água, ou a terra, quando se associa ao seco. Consideremos esses dois princípios como especialmente operantes, isto é, flexíveis: a água aglutina e molha; por seu lado, o fogo ajuda a fundir. Chegamos, assim, a corpos bem urdidos, que poderão formar, graças a novas alianças, federações cada vez mais eminentes, as dos seres vivos. Aristóteles não despreza, pois, a "materialidade"; não que ela contenha o segredo do exercício! É ela – primordial – que ajuda, ao contrário, a conceber melhor a organização. Na verdade, ninguém deve dissociar um do outro, o substrato e suas faculdades, mas era preciso que o suporte, sabiamente e ricamente composto, permitisse o movimento, isto é, a vida. Em resumo, Aristóteles não limita o tecido ou o órgão a um papel de simples suporte ou de sustentáculo no qual se deve inscrever a animação; ele reconhece que possui uma organização própria que possibilita o acabamento funcional.

Mas o corpo humano não deixará de ultrapassar os outros, como, se nesses outros, a união só estivesse esboçada. Isto não precisa causar, porém, o receio de que o filósofo tenha caído em uma forma qualquer de evolucionismo: os seres são bem distintos, particularmente estáveis. E os diversos gêneros, escalonados acertadamente, ocupam lugares determinados (a *Scala naturae*). A natureza não sacrificou, aliás, qualquer intermediário, tamanha a regularidade e a continuidade com que atua.

O corpo humano – o corpo por excelência – não deixa de incluir tudo o que teve sucesso nos demais: o superior integra e eleva o inferior que ele retoma e ultrapassa.

Como reconhecer essa superioridade? Primeiro, podemos discernir uma integração evidente e forte: veremos o animal se sobrepor ao vegetal até absorvê-lo e, depois, o humano, por sua vez, suplantar o animal, sem que seja preciso admitir, entretanto, uma tripartição ou uma divisão. Em Aristóteles, assistimos mais a uma dialética de envolvimento e de elevação. No corpo do homem saberemos, todavia, reencontrar a presença interiorizada do vegetativo e, depois, a da animalidade.

Mas o corpo do homem exibe, sem que seja necessário desdobrá-lo, a aplicação das leis racionais de construção; o surgimento somático já o singulariza.

Reconheçamos nele um equilíbrio baixo-alto, uma simetria: "Todos os outros animais, comparados ao homem, têm uma conformação de anões. O anão é um ser cuja parte superior é grande, mas cuja parte que sustenta o corpo e que caminha é pequena".[7]

Ao contrário, o homem se caracteriza pelo equilíbrio entre os fragmentos que se situam na altura e na largura: convém, pois, que a parte superior e a inferior se contrabalancem. Até na criança, Aristóteles nota uma desigualdade, uma decalagem, por isto ela engatinha e não pode andar. A desproporção acarreta logo e sempre um comportamento mais inábil: "Os adultos cuja natureza se assemelha à dos anões podem ter algumas outras aptidões notáveis, mas, pelo menos, apresentam inteligência deficiente. A causa é, com já dissemos acima, que o princípio da alma é, então, em muitos aspectos, pouco móvel e corporal".[8] A simetria alto-baixo é

---

7   *Les parties des animaux*. livro IV, 686 b.
8   Idem.

repetida por outra, direita-esquerda: "Os lados direito e esquerdo são quase semelhantes nas suas partes, exceto que o lado esquerdo é mais fraco do que o outro".[9] E até, no que concerne às regiões não semelhantes e afastadas, Aristóteles observa, ainda, repetições e analogias: "As partes do baixo-ventre correspondem à face, no tocante à corpulência ou magreza, as pernas correspondem aos braços igualmente: quando os antebraços são curtos, as coxas também o são, na maioria dos casos, e, quando os pés são pequenos, as mãos também são".[10] Não concluiremos que o corpo do homem obedece a igualdades rigorosas e que se assemelha a um vasto cubo. De fato, "as partes posteriores não se parecem com as anteriores, nem as inferiores com as superiores".[11] Resulta diretamente disto que o homem, constituído ao mesmo tempo de simetrias e de desigualdades, "é o único animal dotado de face. Não usamos o termo face ao falar de um boi ou de um peixe".[12] Confirma-se, de todos os lados, a ideia de que o homem se reconhece por fora e que basta sua simples aparência (a morfologia) para sinalizar sua especificidade. Sua composição geral vale como indício de estabilidade e de equilíbrio, pelo fato da dupla correspondência alto-baixo e direita-esquerda. Já que o alto e o baixo se equilibram, o todo, mais uma vez, triunfa sobre as partes que ele ordena. Esta equivalência permite, por sua vez, a elevação e, portanto, a bipedia: inversamente, por falta desse jogo de compensações, o alto ou o baixo crescem e evoluem para o volumoso; não se evita, mais, a queda violenta ao chão. Podemos descer ainda mais ao longo dessa escada na qual o homem se situa no topo. De fato, o vegetal, em lugar de elevar o eixo ventral do seu ser corporal, inverte-o, afundando, então, na imobilidade e na mais completa apatia: "Com efeito, as raízes desempenham, nos vegetais, o papel de boca e de cabeça, enquanto a semente se encontra na ponta oposta: ela se forma em cima, na extremidade dos brotos".[13]

---

9   *Histoire des animaux*. t. I, I § 15, 493 b.
10   *Histoire des animaux*. t. 1, I § 15, 493 b.
11   Idem, 493 b.
12   Idem, t. 1,1 § 8, 491 b.
13   *Les parties des animaux*, 686 b.

Assim se estabelece uma escala das configurações: primeiro a planta, em seguida, o animal rudimentar, depois o quadrúpede e, por fim, a criança e o adulto. O poder da alma explica o lugar dado ao homem; ela não cessou de esculpir o corpo, dirigido, aliás, para o alto: "Entre todos os animais, o homem, de fato, é o único que fica em pé".[14]

Quanto ao lado mais material correspondente a essa superioridade – pois não devemos separar os dois aspectos –, o calor íntimo anima o terroso. À medida que descemos na escala, o elemento pesado e frio vai crescendo; é também o motivo por que o animal fica próximo ao solo, sobre suas patas, ou rasteja na superfície, enquanto o vegetal, último grau dos seres na escala, fica enterrado no solo. E, desde o instante em que se pôs de pé, o homem pôde – pois tudo se encadeia – transformar seus dois membros superiores, liberados da função de apoio, em braços e mãos. Basta, portanto, examinar cuidadosamente o homem, para perceber os indícios estruturais de sua eminência ("A posição, única, das partes para cima e para baixo, para frente e atrás, para direita e esquerda").[15] Entretanto, Aristóteles julga separar-se aí da interpretação de Anaxágoras: "Ele (Anaxágoras) diz que o homem é o mais inteligente dos animais porque tem mãos; seria mais lógico dizer que ele tem mãos porque é o mais inteligente".[16] Aristóteles inspira-se sempre no sábio princípio da continuidade, que nos protege das rupturas e das perturbações. Em consequência, a natureza acrescenta sempre algo, sempre o mínimo, ao maior e ao mais poderoso, nunca o inverso. Nada de bagunça! "O que importa é dar flautas ao flautista, no lugar de ensinar a tocar a quem possui flautas". É melhor dar um instrumento do que a operação inversa! Do mesmo modo, a mão confirma a inteligência; não tomemos o efeito por causa.

Por fim, a posição ereta, a qualidade de bípede, o rosto, a preensão, a destreza manual, a lateralidade na execução das tarefas

---

14   Idem, 655 b.
15   *Histoire des animaux*. t 1,1 § 15, 493 a.
16   *Les parties des animaux*, 687 a.

(direita ou esquerda), todos esses traços revelam, além do sucesso e do ajuste dos meios aos respectivos fins, a entrada ou manifestação da alma no corpo, sua presença soberana e animadora, sua incontestável inserção no corpo.

Então, "aqueles que pretendem que o homem, longe de ser bem constituído, é o mais mal dotado dos animais (porque, dizem eles, não tem calçados, está nu, não possui armas para sua defesa) estão errados. Pois os outros animais têm um único meio de combate, não podem substituí-lo por outro; são obrigados, por assim dizer, a usar sempre seus calçados quando dormem ou quando realizam qualquer outra atividade, nunca podem despir a armadura que cobre seus corpos, nem trocar a arma que lhes coube na partilha".[17] Precisamente, a mão do homem (arranha, aperta, lança, serve de espada etc.) desempenha todos esses papéis: sua mobilidade acompanha a engenhosidade e a inteligência que ela provoca; deixou de ficar presa a um único uso.

Ninguém duvidará que Aristóteles nos ensine a ler os corpos, a perceber, pelo simples ritmo e pela morfologia, as proezas e a originalidade deles, tal a ligação que soube estabelecer entre a estrutura e a funcionalidade.

Entretanto, surpreendemos o filósofo cometendo os piores erros, quando segue esse método biomórfico: a leitura direta, acompanhada de algumas leis simples de economia e de simetria, não conduz ao arbitrário? Assim, deveríamos censurá-lo por ter dado ao coração a função das funções: nele estaria alojado o princípio da vida.

Tudo concorria para isto: é o primeiro órgão a se pôr em movimento, o último a morrer, ocupa o "foco" do organismo, ocupa quase o meio, como se todo o resto (as costelas, a caixa torácica) servisse para protegê-lo. Sabemos, também, quanto os gregos valorizavam a circunferência e a esfera, *ipso facto*, seu centro. Nele, o calor também se intensifica: ora, o ígneo, o fogo, constitui o primeiro dos componentes homeômeros. Como aquilo que o encerra não o suplantaria?

---

17   *Les parties des animaux*, 687 a.

Inversamente, o exame do cérebro mostra-o como um simples reservatório de líquido, uma espécie de esponja que se achata ao ser aberta a caixa craniana, com excrescências designadas, aliás, como entéricas (análogas às alças do intestino), todo um conjunto de dutos e de filtros destinados, sem dúvida, a peneirar, a depurar ou a repartir o que recebe do coração (o pneuma vital).

O que reforça Aristóteles nessa leitura provém do fato que "ao toque sua frieza (do cérebro) é evidente".[18] Ademais, "este órgão é, entre todas as partes úmidas do corpo, a mais desprovida de sangue: não contém a menor gota".[19] Daí sua cor branco-acinzentada; a inspeção confirmaria o que revelava o toque, ou seja, uma função de resfriamento.

Aristóteles chega, até, a recusar qualquer ligação entre o encéfalo (o cérebro) e o sensorial. "A ausência de conectividade entre o cérebro e os órgãos dos sentidos verifica-se por simples constatação visual".[20] Observamos que Aristóteles se baseia no que vê ou acredita ver. Para ele, a faculdade de sentir liga-se apenas ao coração.

A biologia comparativa – outro método para ele de captar os encadeamentos entre as partes – leva-o na mesma direção: os peixes, os delfins, as focas ouvem mais do que nós. Eles se deslocam e fogem ante o menor ruído, como sabem os pescadores. Ora, os "peixes não têm, certamente, qualquer órgão que possamos perceber; o que poderíamos considerar para esta função, na região das narinas, não penetra até o cérebro, então, ou não há qualquer saída, ou vai até as brânquias. E, no entanto, os peixes ouvem..."[21]

Aristóteles também acrescenta provas experimentais a essas inferências; com efeito, o cérebro ser composto apenas de água e terra seria comprovado pelo fato seguinte: se o cozinhamos, ele fica seco e só resta uma parte terrosa importante. A água evaporaria, permanecendo, apenas, a porção pesada que a compõe. Além

---

18   Idem, 652 a.
19   Idem.
20   Idem.
21   *Histoire des animaux*. t. I, IV 8, 533 b.

disso, quando o tocamos, não observamos qualquer reação do animal. *L'histoire des animaux* (*A história dos animais*) volta a esse dado-argumento: a insensibilidade do cérebro ao contato direto; e como esse órgão, que não sente, poderia participar daquilo que nós experimentamos, ressentimos e que nos impressiona?

Tudo concorre, pois, para que o filósofo faça uma interpretação restritiva da função cerebral: o exame, a experiência e a comparação.

Será, então, que Aristóteles falseia inteiramente o entendimento da fisiologia? Apressemo-nos em atenuar a crítica ao seu insistente cardiocentrismo. Ele se orientava pelo que observava, mas inspirava-se, ainda mais, pelos princípios da natureza, das regras que ele vira atuar, em especial pela do balanceamento obrigatório, até mesmo pela busca do justo meio (a medianidade).

Aristóteles devia encontrar uma correção sem a qual poderia se precipitar: o coração, no seu calor, na sua ebulição, deve receber um contrapeso. A natureza nunca age em vão, nem causa desequilíbrio. Aristóteles se orienta para uma representação axial: a um pólo ígneo, convém opor um refrigerante, o mais afastado possível (na outra extremidade). Daí em diante, os verdadeiros biólogos sempre privilegiaram a arquitetura global, a construção, os planos, as compensações.

Ademais, por isto, Aristóteles não retirou da cabeça aquilo que a eleva: ele a considera responsável pelo sono, assim como, aliás, por várias enfermidades graves. Ela participa, também, da repartição do pneuma animal: o mais leve, mais volátil, portanto, vindo do coração (pneuma vital), se condensa neste fosso, de onde volta a ser distribuído (o psicomotor). Se o movimento parte de coração, no entanto, nada funciona sem um regulador e um repartidor. Prova definitiva: "Todos os sanguíneos possuem cérebro, ao passo que nenhum outro animal tem". Aristóteles não questiona a cooperação nem minimiza de verdade o uso da cerebralidade: nós só estamos vivos graças à polaridade coração-cérebro.

Adiante dessa fisiologia parcialmente falseada, mas coerente e de princípios, que Galeno se apressa em retificar, conservemos pelo menos, de Aristóteles, seu próprio método, a compreensão ou conhecimento do corpo através, apenas, da sua aparência. Sua arquitetura revela as bases de sua superioridade (a simetria, a elevação libertadora, assim como os distanciamentos que impedem uma regularidade geométrica excessiva). O filósofo não hesita em se apoiar no visível, que ele não despreza. Além disso, Aristóteles revela um movimento de envolvimento-absorção: o animal incorpora o vegetal, em seguida o homem se enxerta nesse animal, elevando-o.

Isto não significa que Aristóteles caia na tripartição, que ele combateu abertamente! De fato, o superior engloba o inferior, ao mesmo tempo em que depende dele e dele não se pode separar. *De Anima* o sublinha: "As faculdades de desejo e de aversão não se distinguem uma da outra, nem da faculdade sensitiva, embora tenham essências diversas. Quanto à alma dianoética, os simulacros substituem, para ela, as sensações. É por isso que a alma nunca pensa sem imagem".[22]

A biologia ficará definitivamente marcada por essa teoria das formações que se superpõem e, ao mesmo tempo, se retomam umas às outras, em um trabalho de integração. Ainda hoje a biologia conserva as grandes linhas dessa teoria: o neurovegetativo (não só o sistema simpático, mas também o digestivo) mais basal não depende da motricidade (o animal, o sensorial) que, por sua vez, é controlada pelo encéfalo (o próprio cérebro)? Não é preciso referenciar-se sempre a esses três níveis, subordinados uns aos outros?

* * *

Após Platão e Aristóteles, entramos na filosofia do organismo humano preconizada pelo epicurismo, através de Lucrécio. Não podemos evitar, aqui, a sucessão de teorias – a galeria de retratos – por terem os próprios gregos multiplicado tanto as filosofias do corpo.

De fato, o corpo foi glorificado por eles: a) assim o universo todo foi concebido como um corpo imenso; inversamente, nosso corpo foi visto e definido como a redução do mundo animal; b)

---

22 *De l'âme*. Tradução de Tricot. Vrin, 1934. p. 191.

a sociedade com Platão (*a República*) foi igualmente encarada e entendida como o equivalente da nossa própria constituição antropológica; simultaneamente, uma nada mais é que a outra ampliada. As três camadas biossomáticas (abdome, tórax e cabeça) reencontram-se exatamente no psiquismo homotético (o pulsional, a coragem, a razão ou inteligência) e, principalmente, na estratificação social (os negociantes, os guardas, os dirigentes). A tripartição do platonismo, proveniente do corporal, como já mostramos, inspira as primeiras construções psicológicas e sociais. Em resumo, desde o início, o corpo comanda as representações gerais, quer cósmicas, quer humanas; daí sua importância.

Mas o epicurismo lucreciano nos propõe, a esse respeito, uma versão que não qualificaremos nem de moral (a de Platão, desejoso de garantir a justiça e o autodomínio) nem de ontológica (a de Aristóteles, a exemplificação ou a primeira revelação do *status* do ser, o hilemorfismo), mas, decididamente, desmistificadora, crítica e mais psicológica. Iremos vê-lo, novamente, de outra forma.

Como doravante tudo é apenas corpo (um monismo corpuscular), inclusive a alma, ainda que ela nasça de um composto mais etéreo, o corpo, propriamente, será investido de ricas possibilidades: ontem colocávamos a superioridade na reflexão ou no espírito, fonte de nossas *performances*. Lucrécio irá entendê-la a partir de processos puramente materiais.

Nosso corpo deixa de ser um instrumento a ser dominado (moral) ou entendido (ontologia); nós o reconhecemos capaz, por si só, de prodígios que se explicam por simples dispositivos físicos (o materialismo). O corpo torna-se capaz de certos feitos que encontram a razão de ser nele e somente nele.

Lucrécio elimina, até, o recurso a uma Providência ou, o que é o mesmo, a uma finalidade qualquer. Como pôde o organismo alcançar tais sucessos? "O poder dos olhos não nos foi dado, como poderíamos pensar, para podermos ver ao longe; não é para caminhar a largos passos que, na extremidade, pernas e coxas se apoiam nos pés e sabem flexionar suas articulações... Toda explicação desse tipo é errônea e vai de encontro à verdade. Com efeito, nada foi formado no corpo para nosso uso, mas o que se formou usamos".[23] Lucrécio recorre, aí, a uma explicação com ares pré-darwinianos: os mal dispostos se autoeliminam; só subsistem, portanto, os mais bem equipados.

No início, segundo Lucrécio, quantos monstros! "Vimos seres sem pés e sem mãos, ou mudos e sem boca, ou sem olhar e cegos, ou, então, com membros que aderiam, todos, ao tronco... Todos esses monstros foram criados em vão; a natureza paralisou-lhes o crescimento, eles não puderam chegar à flor tão desejada da idade, nem encontrar alimentação ou se unirem pelos laços de Vênus".[24]

Ademais, no mesmo sentido, nossas condutas correspondem, apenas, às necessidades biofísicas. Por exemplo: o ser vivo deve procurar e encontrar sua alimentação. Por quê? É que todos os corpos, minerais e principalmente orgânicos, desprendem diversos elementos que não podem reter. Eles perdem "eflúvios": Lucrécio não cessa de lembrar a importância do suor, dos odores e de tudo o mais que escapa do envoltório corporal. Convém, pois, repor tudo que foge. Uma lei restauradora explica, por si só, a tendência alimentar.

"Ensinei que, de todos os corpos, emanam ou se destacam muitos e variados elementos, mas a maior contribuição vem dos animais, agitados por um movimento incessante. Muitos desses elementos, vindos das profundezas, se manifestam em forma de suor, outros são exalados pela boca, quando os animais ficam ofegantes de cansaço; neste caso, a substância do ser se rarefaz, todo o ser se deteriora, ocorre a dor. É por isto que o animal se alimenta".[25] Assim, o influxo material inevitavelmente dissipativo, por ser material, deve ser neutralizado por uma assimilação incessante e possante.

A sede corresponde a uma necessidade similar: "Elementos de calor se juntam no estômago e provocam um incêndio; são esses elementos que o líquido dissipa e apaga como um fogo; ele alivia as queimaduras da secura que nos consumia".[26]

---

23   *De la nature*. livro IV, vers. 824.
24   Idem, livro V, vers. 840.
25   Idem, livro IV, vers. 859.
26   *De natura*, livro IV, vers. 871.

Lucrécio explica, com argumentos variados, tanto o sono quanto a reprodução, tanto as doenças quanto a fadiga. É inútil fazer apelo a forças internas e inexplicáveis (a alma vegetativa ou animal). Lucrécio rejeita igualmente qualquer teoria filosófica ou metafísica: a alma e o corpo formam um só conjunto ou, mais exatamente, um basta para dar conta inteiramente do outro.

Não podemos, aliás, conceber o que poderia significar o dualismo habitual, ou seja, a união de um princípio imaterial com um material: onde poderia o primeiro alojar-se no segundo? E como se associaria o mental ou psíquico com o físico? Não poderíamos imaginar a menor relação entre eles. "O que podemos imaginar, de fato, mais contraditório, mais disparatado, mais incoerente do que uma substância mortal unida a outra, que não teria começo nem fim, para enfrentarem, juntas, as mesmas tormentas?"[27]

Em consequência, Lucrécio enaltece o corpo, único existente e capaz de assumir as funções mais eminentes.

Ele era forçado a afastar, também, uma hipótese vizinha da precedente (o dualismo) e ainda mais insustentável, a da transgressão das almas (a metempsicose) que se inseririam em corpos jovens e maleáveis. No primeiro caso – o dualismo –, a alma preexistente desceria para seu próprio corpo, mas, no segundo – a reencarnação –, outras almas viriam ocupar o lugar da primeira, pouco vigorosa ou incerta. Não abandonamos a tese da dissociação possível; continuamos a ver o corpo como um simples invólucro, capaz de abrigar ou de receber qualquer conteúdo capaz de animá-lo.

"Não será ridículo imaginar almas postadas, todas prontas, e essa multidão de imortais à espreita dos corpos mortais, brigando entre elas para saber qual será a contemplada com o corpo? A não ser que tenham feito um pacto para que a primeira a chegar, voando, tenha o direito de ocupar o corpo sem disputa nem violência".[28]

Esta teoria do intercâmbio das almas, passando por corpos-receptáculos, vai de encontro a dados mais incontestáveis: de fato,

---

27   Idem, livro III, vers. 802-806.
28   Idem, livro III vers. 776-784.

o leão continua sendo sempre um leão e, até mesmo, aquele leão. "Se a alma transitasse de corpo em corpo, os hábitos dos animais iriam se confundir: um cão de raça hircaniana fugiria ante o ataque e a galhada do cervo; o gavião, nos ares, tremeria e alçaria voo quando se aproximasse a pomba..."[29]

É preciso manter o ponto de vista da inseparabilidade total: a alma, usando uma fórmula conhecida, se torna a ideia do corpo; ela nasce, desenvolve-se e desaparece com ele; ela se identifica inteiramente com ele.

Se Lucrécio rejeita de forma tão clara o dualismo, não deveria ter podido admitir a tese aparente e rigorosamente monista da harmonia, em voga entre alguns filósofos gregos, que Simmias defendera no *Fedon* (de Platão)? Aliás, Platão a havia descartado, por querer tanto resguardar o psiquismo da materialidade. Mas Lucrécio não deveria adotá-lo? A alma teria, então, com o corpo, uma relação semelhante à do som com a corda tangida; a lira, quando quebrada, encerraria, certamente, a harmonia.

Mas Lucrécio se recusa a seguir esse caminho. Ele pretende materializar ainda mais a alma, encarná-la de certa forma, dar-lhe uma "sede", no lugar de dissolvê-la ou de encará-la como um simples efeito do corporal.

A identificação completa não impede a diferença. Como os dois componentes – a alma e o corpo – se revelam de mesma natureza, saberemos situá-las e, também, definir seus laços.

O espírito que decide, isto é, o *animus* (ou a alma da alma), também é formado por átomos variados e misturados. Mas Lucrécio diferencia esse espírito primeiro, que se aninha no meio do peito, da alma propriamente dita, ou *anima*, dispersa no resto do organismo, que define o outro território fisiológico, o terceiro. E por que esta subdivisão, que não questiona a tese unitária, só porque Lucrécio pretende explicar o movimento? Ora, o *animus* reúne as partículas mais sutis – redondas, lisas, minúsculas, fáceis de mover. As da *anima* procedem, muito mais, do ar, do vento, do calor (um

---

29   Idem, livro III, vers. 749-753.

grau abaixo). Por fim, os próprios órgãos são tecidos por partículas que estão entre as mais pesadas, as mais inertes, as mais emaranhadas. Entendemos, então, o abalo que eles sofrem, quando recebem os multichoques das primeiras, especialmente móveis.

Quais as provas físicas a favor desse escalonamento? As duas primeiras instâncias (o *animus* e a *anima*) – pois seguimos usando, aparentemente, o vocabulário tradicional –, devido à tenuidade e imponderabilidade, não afetam o volume nem a própria configuração do nosso corpo, a tal ponto de não se distinguir um corpo morto de um vivo, mesmo que "seu espírito" já o tenha deixado. Na balança, não percebemos qualquer diferença.

"Isto prova que minúsculos elementos compõem a alma toda, que se espalha em nós, em todas as partes... caso contrário, após a saída da alma, não veríamos o corpo com os contornos dos membros e com o peso inalterados. É assim que se comporta um vinho cujo aroma se evaporou, um perfume cuja doce fragrância se dissipou no ar ou um alimento cujo sabor se perdeu".[30]

Da mesma forma, o homem adormecido não pode exercer sua vontade, nem mesmo seu espírito, o que assim chamamos; todavia, ele também não perdeu nada, nem no peso, nem no físico; a fuga, assim como a ausência momentânea, não se manifesta para nós, o que prova a extrema leveza e o volume infinitamente pequeno das partículas psíquicas.

Como devemos, então, representar o corpo? O interior guardaria o que é mais tênue e, por isso, mais sensível, enquanto, por fora, se acumulariam o pesado e o protetor. A epiderme não deve tornar mais lento ou reter o que tende a escapar e, ao mesmo tempo, impedir a entrada violenta do exterior? "É por isto, nota Lucrécio, que a maioria dos seres têm um envoltório de couro, de conchas, de membranas calosas ou de casca".[31] Todavia, o interior, embora "santuarizado", não está inteiramente a salvo dos golpes ou das invasões que vão afetá-lo, pouco a pouco: de um lado, respira-

---

30   *De natura*, livro III, vers. 216-224.
31   Idem, livro IV, vers. 935.

mos e o ar penetra em nós aos borbotões na inspiração; por outro lado, os alimentos produzirão o mesmo efeito do ar. É, aliás, por isso que, após uma lauta refeição, abandonamo-nos à modorra, porque seríamos afetados pela entrada, em nós, de elementos externos que nos abatem.

O encaixe do mais leve e do mais fraco no interior do mais tenaz responde a uma lógica composicional evidente: os princípios materialistas dão conta de tudo. "Por que o espírito e o pensamento – nosso conselho vital, assinala Lucrécio – nunca nascem na cabeça, nos pés ou nas mãos? A resposta é óbvia. A ordem de posicionamento nunca é invertida ou alterada; é como a gravidade. Este é o encadeamento das causas e dos efeitos; a chama não é gerada nos rios, nem o gelo no fogo".[32] Ora, para perdurar ou resistir, o frágil devia se aninhar na parte mais profunda do seu abrigo (retorno ao cardiocentrismo).

Entre os dois extremos – o muito vivo, de um lado, e o mais passivo e lento, do outro – interpõe-se, pois, um meio, a alma (*anima*). Parente, justamente, do vento, ela é capaz de assegurar as trocas, tanto em um sentido quanto no outro; daí a sensação centrípeta e o movimento centrífugo de reação. Lucrécio recorre, aí, a uma comparação: "A alma e o ar põem o corpo em movimento, são como as velas e o vento para o navio... É o vento, fluido sutil que impulsiona o grande corpo de um grande navio, e é uma única mão que dirige, por mais rápido que seja o impulso; é um só leme que manobra".[33]

O espírito e a alma (*animus* e *anima*), ambos invisíveis e impalpáveis, assemelham-se, embora materiais, ao odor ou ao sabor de certas substâncias, com a diferença que elas podem perder o aroma ou o perfume sem se alterar ou deixar de existir, ao passo que o homem e o animal entram em decomposição tão logo sua parte mais sutil os tenha abandonado: "A água pode perder o calor recebido, sem que esse acidente a destrua, ela fica intacta; ao passo que a fuga da alma é fatal para os membros que ela abandona".[34]

---

32   *De natura*, livro III, vers. 622-624.
33   Idem, livro IV, vers. 899.
34   Idem, livro III, vers. 339-342.

Malgrado suas precauções e comparações, Lucrécio não teria admitido, também, o espírito (*animus*), o querer, e não se inclinaria para um dualismo, por menor que seja?

Na verdade, esse "*animus*" deve ser aproximado do "clinamen" ou da possibilidade de escaparem os átomos às leis da gravidade e, assim, poderem se curvar, o que reserva, por isso, a entrada das surpresas e das iniciativas. Qualquer que seja a hipótese, esse querer só pode atualizar nossos apetites que, por sua vez, decorrem da nossa própria constituição. Lucrécio nunca questiona, pois, seu monismo materialista.

"De onde recebemos a capacidade de dar passos como queremos e de efetuar todos os movimentos que desejamos? Que forças podem deslocar a enorme massa do nosso corpo?... Lembra-te do que eu disse antes: os simulacros do movimento vêm impressionar nosso espírito e daí nasce uma determinação".[35]

E o que decidimos se realiza, então, com a velocidade de um raio: resulta que o "*pneuma animal*" deve consistir, como já reconhecemos, de átomos especialmente rápidos (lisos, redondos, minúsculos) para poder realizar tal proeza de rapidez (a quase instantaneidade). "A alma prevalece em velocidade sobre esses corpos (que são a névoa e a fumaça) e choques muito leves colocam-na em movimento; simulacros de fumaça e de névoa bastam para afetá-la".[36]

Aliás, não é evidente que, ao morrermos, exalamos um último suspiro? O *animus* nos deixa. Ou o "interior" vai, então, ao encontro do exterior.

Por fim, com Lucrécio, o corpo fica bem definido; o espírito ou o que o anima se confunde com ele. Nosso corpo perde aquilo que o rebaixava até então; ele se limitava a fazer o que a alma mandava. Doravante, ele passa a ter capacidades tais como o espírito, no sentido tradicional. O espírito está nele. Daremos dois exemplos disto:

A sensação, tanto no homem quanto no animal, chama a atenção pela sua extensão e, também, pelas suas capacidades discriminativas.

---

35   Idem, livro IV, vers. 878.
36   Idem, livro III, vers. 427-431.

Uma vaca consegue perceber a presença do seu bezerro que acaba de ser imolado longe dali; ela adivinha o local graças a emanações imperceptíveis. Ela poderá seguir o caminho que a vítima percorreu porque ficaram, no solo, sinais da sua passagem: "Outros bezerros que ela vê nos pastos luxuriantes não conseguem distraí-la nem aliviar sua pena, pois, na verdade, ela procura um bem que lhe é próprio e que ela reconhece entre todos. Também os cabritos, cujo balido tremula, sabem reconhecer suas mães com seus chifres".[37]

Para Lucrécio, cada ser, assim como cada substância, espalha, externamente, eflúvios inteiramente específicos (os simulacros) e, por outro lado, cada organismo é, por sua vez, sensível a alguns e não a outros, por mais próximos que possam ser.

Nossa sensibilidade não conhece limites: ela nos informa do ínfimo, do mais diluído. Essa situação lembra a cena que será relatada, mais tarde, por um defensor do sensorial: "Um dia, dois parentes meus foram indagados sobre o que achavam de um tonel de vinho, vinho esse que, velho e de ano bom, devia ser excelente. O primeiro prova e, após profunda reflexão, sentencia que o vinho é bom, embora perceba, nele, um leve sabor de couro. O segundo, após repetir o que fizera o primeiro, também aprova o vinho, mas diz que percebe, nele, um leve gosto de ferro... O tonel é esvaziado e encontram, no fundo, uma velha chave, amarrada a uma correia".[38]

Curiosamente, Lucrécio atribui aos sentidos geralmente considerados inferiores (odores e sabores) as maiores capacidades de avaliação e de apreensão. Basta um "quase nada" para sermos alertados da presença de tal ou tal estimulante.

Os demais sentidos não brilham menos – como a audição e a visão. Chegam até, às vezes, a ultrapassar o olfato: "Os odores são formados por princípios com dimensões maiores que os da voz, pois são detidos pelas muralhas que deixam passar a voz e o som".[39]

---

37 *De natura*, livro II, vers. 364-367.
38 Hume. Dissertação sobre a regra do sabor. In: *Oeuvres choisies*. 1759. t. IV, p. 109-110.
39 Lucrécio, livro IV, vers. 698-701.

Outra proeza certamente a favor de um corpo sutil e sempre vigilante: ele nunca se engana. Consequentemente, Lucrécio deveria enumerar os principais erros atribuídos ao corpo. Esses erros foram ressaltados e até aumentados para inferiorizar e censurar nossas faculdades receptoras. O que poderia nos salvar da desordem, a não ser a reflexão e o julgamento?

Lucrécio vai em direção oposta. Por que, por exemplo, a torre quadrada da cidade parece redonda, vista de longe? É que todo ângulo, à distância, parece obtuso. Longe de ver, aí, uma falha da vista, Lucrécio justifica essa anomalia.

Os simulacros, ou seja, o que emana de todos os objetos, perdem obrigatoriamente, durante um longo percurso, parte de seu vigor e das suas arestas (por causa dos choques). Resulta uma percepção terminal imprecisa e ligeiramente alterada. Entretanto, essa forma arredondada que se vê de longe (a torre quadrada embotada) não se parece com a visão de quem está mais perto: ela está envolta por um pouco de bruma e tende a ser indistinta.

"Os sentidos são os primeiros a nos terem dado a noção da verdade e eles não podem ser convencidos do erro".[40]

Lucrécio, defensor intransigente do corpo, rejeita as teorias em vigor, pelas quais ou a razão deveria retificar os dados brutos, sempre em desacordo, ou então seria necessário que os sentidos se corrigissem, uns aos outros. "Diremos que as orelhas podem corrigir os olhos e serem corrigidas, por sua vez, pelo tato? E o tato, será ele controlado pelo paladar? Será o olfato que irá desconcertar os demais sentidos? Será a visão? Nada disso, para mim, pois cada sentido tem seu poder e suas funções exclusivas".[41]

Confrontar os sentidos entre si equivaleria a contestar seus poderes e suas qualidades. Segundo Lucrécio, todos merecem uma confiança ilimitada. E, caso fosse necessário acusar um operador de falsidade, deveríamos apontar nossos preconceitos, hábitos, medos ou a educação recebida, que nos predispuseram contra eles.

---

40   Idem, livro IV, vers. 481.
41   Idem, livro IV, vers. 486.

A delicadeza sensorial vai tão longe que varia de um indivíduo a outro. O que agrada a um pode ser nocivo para outro; assim, Lucrécio muito insiste nas diferenças e na acuidade dos receptores corporais. "O que é amargo para uns parece delicioso para outros... A serpente, por exemplo, ao contato com saliva humana, morre rasgando-se com suas próprias picadas. A elébora é uma planta venenosa para o homem, mas engorda cabras e codornas".[42] Evitemos generalizar, se não isto seria novamente usado para invalidar ou depreciar nossa apreensão individualizada.

O corpo, a própria substância, ressoa, portanto, aos menores sinais; ele nos avisa, sempre fielmente. Ele nos comunica, apenas, o que não é bom para nós, e isso aumenta, ainda mais, sua originalidade e seus recursos.

Assim, nada escapa à nossa sensibilidade; ela nunca nos engana. No meio de um universo em turbilhão, o psicofisiológico ocupa um lugar privilegiado: o aparelho das mais sutis ou ínfimas vibrações, a área das reflexões a respeito delas e, portanto, da identificação das vibrações.

* * *

Afinal de contas, a filosofia grega desenvolveu as doutrinas e as soluções mais extremas. Temos, então, a certeza que ela delimitou, desta forma, o espaço do problema.

Seria possível enunciar assim: ou vivemos com e pelo prazer ou, na falta de podermos selecionar os mais "puros", lutamos contra ele. Podemos, então, dispor a alma externamente ao corpo que vai alterá-la, mas que ela recebeu como punição (Platão simplificado). Podemos, ainda, celebrar a simbiose, a união da alma e do corpo, da forma e da matéria (Aristóteles). Seria possível, por fim, defender uma unidade-identidade tal que reduz a alma ao corpo (Lucrécio, o materialista).

Em detalhe, os filósofos defendem, por consequência, argumentos dos mais opostos: Aristóteles, por exemplo, ao tratar do

---

42   Lucrécio, livro IV, vers. 640.

sensorial privilegia o tato e, ainda mais, a visão e a audição. No homem, segundo Aristóteles, "a captação dos odores é medíocre, ele não os percebe independentes da dor ou do prazer, o que comprova a falta de acuidade do órgão sensorial".[43] Lucrécio, ao contrário, dá mais importância ao olfato e ao paladar.

Desde a origem, o corpo situou-se no centro dos problemas filosóficos e os anima: ele nunca deixará de ocupar essa posição central.

---

43   Aristóteles. *De Anima*. Tricot: Vrin, 1934. II, p. 122, § 9 (12-15).

Capítulo 2

Uma Controvérsia Interminável: A Batalha do Corpo

Parece-nos difícil decifrar o corpo, concretização do vivente, tal a forma como mistura o "em si" e o "por si", a exterioridade e a interioridade. Se considerarmos apenas um desses dois aspectos, deixamos de atingir o outro; extraviamo-nos, por conseguinte.

Acima de tudo, o mais surpreendente é que aqueles cuja escolha recaiu no caminho mais acessível – a exterioridade – deviam inevitavelmente tropeçar nas dificuldades ou, até, enfrentar insucessos. Eram forçados, então, a complicar suas teorias ou a elas renunciar.

As novidades foram varridas, por sua vez, por outras, mais recentes, O corpo tornou-se, ao mesmo tempo, tanto um cavalo de batalha quanto uma fonte de conflitos. Expondo o mais áspero e o mais durável, enriquecemos o corpo que se beneficia das polêmicas tão profundas, cheias de consequências de toda sorte.

* * *

O empreendimento mais ousado, mais radical, foi efetuado por Descartes: ele iria desenvolver o conceito do "corpo-máquina", um conceito sem qualquer antecedente real.

A escola dos anatomistas italianos, seguida pela dos holandeses, sem esquecermos os trabalhos de Harvey, colocou Descartes nesse caminho, mas ele levará seus resultados até o limite. Ele próprio irá realizar vivissecções e se preocupará com as disposições animais ("nada comprova que ele tenha praticado a dissecação humana, a não ser por acaso", anota Etienne Gilson, mas não vamos entrar nessa questão. "Considerei não só o que Vesalius e os outros escrevem a respeito da anatomia, mas, também, várias coisas mais particulares do que eles relatam, coisas essas que eu mesmo observei fazendo a dissecação de vários animais. É uma atividade à qual me dediquei muitas vezes nos últimos onze anos e creio que não haja médico que tenha observado isso de tão perto quanto eu".[1]

É incrível, Descartes relata que, quando residia em Amsterdã, ia todos os dias a um açougue para ver matar os animais "e mandava levar à minha casa as partes que desejava dissecar mais a vontade".[2]

Segundo Descartes, não nos devemos entregar a uma admiração fácil diante das plantas ou dos animais, nem mesmo do corpo humano: na natureza, tudo se produz mecanicamente e resulta de simples modificações da figura, da dimensão e do movimento. "Eles (os animais) agem naturalmente, movidos por molas, assim como um relógio".[3] O mesmo mecanismo atua igualmente na nossa fisiologia.

É inútil recorrer a faculdades (a alma, dita vegetativa, a sensitiva ou a motriz), já que simples meios materiais e arranjos bastam para dar inteiramente conta do corpo. A obra *La description du corps humain*[4] tem esse objetivo: "Explicar tão profundamente a máquina do nosso corpo que não mais precisaremos pensar que é nossa alma quem nele executa os movimentos... nem cogitar que há uma alma no nosso relógio que faz com que ele mostre as horas".[5]

Como destaca *La logique ou art de penser*,[6] de Port Royal, terminemos com as concepções imaginárias: "Não há chinês que não tenha podido se livrar, com tanta facilidade, da admiração suscitada aos demais daquele país, ao verem os relógios trazidos da Eu-

---

1   A Mersenne, 20 de fevereiro 1639.
2   A Mersenne, 13 de novembro 1639.
3   A Newcastle, 23 de novembro 1646.
4   **N.T.:** *A descrição do corpo humano.*
5   *A descrição do corpo humano.* Edit. A. T. t. XI, p. 226.
6   **N.T.:** *A lógica ou arte de pensar.*

ropa. Bastaria, pois, dizer que ele conhecia perfeitamente o motivo daquilo que, aos outros, parecia tão maravilhoso; nada mais era que a existência, dentro da máquina, de uma qualidade indicadora que marcava e exibia as horas no mostrador e outra, sonora, que provocava as badaladas".[7]

A biomecânica cartesiana se refere, aberta e constantemente, aos autômatos que também realizam prodígios graças às rodas, molas, dutos e outras engrenagens. Na época de Descartes, sua assimilação foi reforçada pela construção de uma "perdiz artificial" que um espanhol fazia alçar voo, uma pomba que voa pelo ar e, até, de um funâmbulo, "um homem mecânico dançando numa corda bamba, imitando, com cem pequenas habilidades e com muita naturalidade, aqueles que volteiam no ar".[8] Estamos aqui lembrando apenas os mais conhecidos. Vaucanson não tardará: a ele devemos tanto o "flautista" quanto o "pato" que come, digere e excreta, sem falar de vários "pássaros" que voam. Não estará, aí, diante dos nossos olhos, a prova de que a mecânica consegue realizar grandes feitos?

"Suponho que o corpo nada mais é que uma estátua ou máquina de barro que Deus forma, de propósito, para torná-la, o máximo possível, semelhante a nós". [9] Ela poderá andar, digerir, respirar, em resumo, executar os mais complexos dos nossos funcionamentos (como as batidas do coração ou o crescimento dos membros). Devemos certamente notar algumas diferenças entre o corpo humano e o androide, diferenças essas de grau: a máquina criada por Deus "tem um arranjo incomparavelmente melhor"; por outro lado, ela faz uso de meios ou de "peças" excessivamente "pequenas para serem percebidas pelos nossos sentidos" (segundo a parte IV^a dos *Princípes* (*Princípios*, art. 203), o que assegura, graças a essa ultraminiaturização, os efeitos e os movimentos mais finos. Mas "não percebo qualquer diferença entre as máquinas construídas pelos artesãos e

---

7   *A descrição do corpo humano*, p. 247.
8   Descartes, Edit. A. T. t. X, p. 232.
9   *Tratado do homem.*

os diversos corpos que só a natureza compõe". Por conseguinte, o *Traité de l'homme* (Tratado do homem), *La Description du corps humain*, bem como *Le discours de la méthode* (Discurso do método), procurarão mostrar, sucessivamente, as ações vitais mais complexas: todas elas derivam da "única disposição dos órgãos". O movimento voluntário, nascido da alma, parece contradizer uma teoria tão fortemente anatomista, mas *La description du corps humain* até conserva, nesse caso, o conceito de uma máquina sutil: "Até os movimentos que denominamos voluntários procedem principalmente de tal disposição dos órgãos, pois não podem ser excitados sem essa máquina, qualquer que seja a nossa vontade, embora sejam determinados pela alma".[10]

Um dos interesses do cartesianismo resulta do fato de que ele nos ensina a diversificar os tecidos e seus arranjos espaciais, para poder explicar os mais variados funcionamentos.

Não examinaremos detalhadamente cada funcionamento (geração, nutrição, respiração etc.); ficaremos limitados ao estudo do movimento do coração e do sangue para destacar a biofilosofia cartesiana em um de seus momentos mais significativos.

Descartes recusa a fisiologia de Harvey, que pressupõe uma potência "contrátil" na origem da regularidade do ritmo cardíaco, que explica, por sua vez, o escoamento da massa sanguínea nos tubos que são as artérias (como se o coração movesse a si próprio em virtude de uma determinada faculdade, a *facultate aliqua*).

Não será esse um retorno à escolástica e à crença de uma alma vegetativa? Será que continuamos, assim, a mistificar (explicando o obscuro por algo ainda mais obscuro) e a aumentar as trevas em torno do corpo?

Todos os movimentos, qualquer que seja sua natureza ou localização, obedecem às mesmas regras: um corpo só pode ser movido por outro que o empurra, não por uma força misteriosa e, ainda menos, por ele próprio. O músculo cardíaco, puramente passivo para Descartes, só poderá se contrair quando receber um

---

10   *A descrição do corpo humano*. Edit. A. T. p. 225.

impulso vindo de fora. Em verdade, no caso, tudo decorre do calor; ele dá o ponto de partida. Faltará justificar sua surpreendente regularidade (a sucessão de sístoles e de diástoles).

Apressemo-nos em assinalar, correndo o risco de forçar os textos, que essa temperatura elevada, cujos efeitos veremos adiante, resulta, por sua vez, do atrito incessante e rápido de um líquido (o sangue) que atravessa todo o organismo, que passa pelas artérias, pelas válvulas e, até, pela cavidade cardíaca. Em resumo, o sangue circula devido ao aquecimento do coração, mas essa quase ebulição resulta do sangue que se desloca; ou mais simplesmente, ainda, o calor explicará o movimento, mas esse movimento (a passagem brusca através de condutos com diâmetro muito reduzido) explica o calor – espécie de primeiro turbilhão vital, uma gênese recíproca.

Quando algumas gotas de sangue caem na cavidade-forno (o retorno ao coração), elas se dilatam imediatamente; daí o bater do coração inflado bruscamente. Elas atravessam as válvulas (as portas) que faziam oposição à sua saída; em seguida, elas se condensam nas artérias, não sem abalar a massa sanguínea na qual foram introduzidas. O conjunto encontraria uma explicação simples, a partir, apenas, da disposição dos aparelhos.

Para explicar tal movimento incessante e, principalmente, regular, é preciso que o sangue possa ter uma ebulição rápida e súbita. Descartes admite e pede isto. Sabemos bem que ele mistura abertamente a experiência (ele praticava a anatomia) e a pura inferência, para poder concordar com o jogo funcional. Ele não hesita em atribuir ao sangue algumas propriedades físicas que não constatou, mas induz metodicamente.

a) Consequentemente, o fluido vital que entra no coração deve se parecer com o óleo ou o leite, e ser capaz, como eles, de alterar bruscamente seu volume em determinado instante (a subida, com grande fervura, dentro do recipiente aquecido).

A esse respeito, Descartes, com seus argumentos fulgurantes, acrescenta, respondendo a Plempius, que comparava o sangue demasiadamente à água ou, até, às substâncias líquidas terrosas, mais que ao fogo ou ao ar (por isso, contestava a rápida dilatação do sangue, devido a seu peso específico [já que próximo da terra] ou à sua consistência, por causa do seu parentesco com a água): "A farinha, quando amassada, não incha assim, sem requerer muito calor? O sangue não poderia, portanto, ligar-se mais que esta à natureza da terra. E o que existe de mais próximo do sangue que o leite? Levado ao fogo, ele também borbulha do mesmo modo".[11]

Descartes sabe passar de uma "imagem" ou de um recurso a outro conforme a necessidade da argumentação: ele joga aqui tanto com a fermentação (a farinha que incha) quanto com as leis da ebulição (as misturas líquidas – é o caso do leite – que não se dissolvem, gozam de uma temperatura de vaporização inferior à do mais volátil dos seus constituintes, razão pela qual o leite ferve com tanta facilidade).

Acrescentemos ao menos, como pede Descartes, que convém distinguir vários tipos de ebulição: certos líquidos, aquecidos, se convertem em vapor e ar, mudam de natureza ou, ainda, liberam mais simplesmente seus vários componentes – enquanto outros, embora da mesma família (a proximidade em relação ao ar e ao fogo) conservam seu aspecto e se contentam com uma elevação clara e nítida (é justamente o caso do leite e do sangue).

Não nos esqueçamos de relembrar que, se a carne do sangue "contém um fogo sem luz", é preciso reconhecer sua intensidade (muito ardente), o que permite entender, sempre, o aquecimento quase instantâneo. Já, espumoso, está sempre pronto, por muito pouco, a se levantar!

b) Nada detém Descartes na sua construção espaço-explicativa. O que não pôde observar ele postula. Ele infere a histologia, isto é, os tecidos inacessíveis. E ele consegue fundamentar, finalmente, as menores particularidades.

Assim, conheceremos, por ele, o motivo da cor vermelha desse fluido especial: "Aqueles que conhecem o que expliquei sobre a natureza e a luz, tanto na minha *Dioptrique* quanto nos meus *Principes*, e a respeito da natureza das cores em meus *Météores*, po-

---

11   Carta a Plempius, de 15 de janeiro de 1638.

derão facilmente entender por que o sangue de todos os animais é vermelho".[12] Por quê? Primeiro, por ser ele constituído por pequenas partículas redondas ínfimas (pequenas esferas), especialmente móveis e capazes de girar no próprio eixo, e daí, a partir desta hipótese, comenta Descartes:

"Podemos perceber dois movimentos dessas esferas: um primeiro, de translação, no qual elas se aproximam, em linha reta de nossos olhos, causando, apenas, a sensação de luz, e outro, de rotação em torno de seus centros, de modo que se elas giram com velocidade muito inferior à de translação, o corpo da qual elas proveem nos parece azul; se giram com velocidade superior à de translação, ele nos parece vermelho".[13]

O sangue venoso, por conseguinte, carregado de elementos mais pesados que ele transporta, se agitará certamente menos; daí a diferença cromática que o caracteriza.

c) Nada ficará faltando. E, para deixar bem justificadas a frequência e a regularidade dos batimentos cardíacos, Descartes constrói a engenhosa hipótese segundo a qual, ao ser lançado o sangue na aorta, fica sempre uma parte alojada nos recônditos dos ventrículos. Devido ao volume reduzido desse sangue retido, ele atingirá imediatamente uma alta temperatura. Agirá, então, como fermento para o sangue novo que chega da veia cava e, assim, o todo será catapultado, como o precedente, cada vez mais depressa. Uma vez mais, defrontamo-nos com um movimento autossustentado, sempre reiniciado por ele mesmo, ininterrupto, portanto (uma espécie de *loop*).

Nada foi removido do jogo de mecanismos, bem encadeados uns aos outros. A fisiologia se torna, pois, uma física concreta; nosso corpo sendo comparável ora a um moinho, ora a uma fonte (com seus canos e suas visitas – a comparação hidráulica), ora a um órgão (a explicação pneumática), ou, melhor, a um relógio, o paradigma maior (um conjunto de molas, de rodas dentadas, de um mecanismo regulador e, principalmente, de um pêndulo com movimentos isócronos). Trata-se de um instrumento simples que

---

12   *La description du corps humain*. Edit. A. T. t. XI, p. 255.
13   Idem, p. 256.

causa, porém, graças à nossa leitura ou à nossa utilização, um efeito cultural importante, a decomposição do tempo e sua mensuração. O entusiasmo de Descartes com sua presença[14] se deve, em parte, não apenas ao fato de esse mecanismo produzir efeitos precisos, mas também por desembocar em uma consequência quase imaterial (a precisão horária, ou, até, a determinação precisa dos movimentos da Lua, a percepção dos ciclos sazonais, enfim, uma espécie de alarme que nos informa das mudanças).

Vários filósofos irão protestar energicamente contra o que julgam ser um "reducionismo", não só Plempius, mas também o teórico de Louvain, Libert Froidmont (Fromondus). "Assim, pois, o calor do feno, sem qualquer alma tal como a sensitiva, pode ver, ouvir etc. Não parece que funções tão nobres possam ser provenientes de uma causa tão vil e inteiramente material".[15] Acusa-se o filósofo francês de recair em uma biofísica rudimentar, e até grosseira, próxima daquela de Epicuro. Ele abre, então, caminho aos ateus, na medida em que atribui o sensorial, assim como todas as outras operações humanas, apenas à materialidade.

Descartes replicou vigorosamente. Embora seja verdade que ele remove da "alma sensorial" aquilo que transpõe para dispositivos anatômicos, não deixa de reconhecer, paralelamente, "o pensamento".

Aqueles que enaltecem o corpo, ao contrário, só podem limitar ou rebaixar o *"cogito"*. Por outro lado, longe de conduzir a proposições heréticas, Descartes se mostra de acordo com os textos sacros – os das Escrituras, onde está declarado expressamente "A alma de toda carne está no sangue, porque há, no sangue, a alma da carne" (Levítico, capítulo 17, versículo 14) e, igualmente, no Deuteronômio, capítulo 12, versículo 23:[16] "O sangue lhes serve de alma".[17]

---

14   Já nos delongamos a respeito da importância do relógio bem como de sua fabricação: os cartesianos participaram do seu aperfeiçoamento (tanto em *Le vivant*. Bordas, 1988, quanto na *Mémoire pour l'avenir*, 1979).
15   Carta de Fromondus para Plempius, datada de 13 de setembro de 1637.
16   **N.T.:** O original menciona o versículo 13, mas a citação apresentada se encontra no versículo 23.
17   Descartes a Plempius, a respeito das observações de M. Froidmont.

* * *

A tese cartesiana do corpo se revela a mais original e, também, a mais fecunda (tanto por ela quanto pelas reações que irá provocar). Dela só vimos um único aspecto, aquele que foi isolado e conservado.

Descartes não deixou de completar seu sistema; abordamos justamente a segunda vertente da sua concepção.

No *Discours,* onde descrevera minuciosamente a mecânica dos órgãos e dos seus efeitos, acrescentava, ao fim da V^a parte, que a alma não reside no corpo, assim como um piloto em seu navio. Não tentemos imaginar o encontro (impossível) ou a interação de duas substâncias tais como a alma e o corpo; a união entre elas, ao contrário, forma uma abordagem totalmente diferente (a terceira substância), um "ser por si".

Não tentemos, tampouco, localizar o espírito em uma região do corpo. O artigo 30 das *Paixões da alma* o proíbe. Ele tem por título "que a alma está unida a todas as partes do corpo, conjuntamente".

De forma ainda mais explícita, a VI^a Meditação considera tanto a alma quanto o corpo como substâncias "incompletas" quando se referem ao próprio homem. Elas só são "substâncias completas" quando examinadas isoladamente, "assim como a mão é uma substância incompleta se reportada ao corpo todo do qual ela é uma parte, mas, se for considerada isoladamente, ela é uma substância completa".[18]

Descartes expõe, aí, o ponto de vista de um "corpo subjetivo", inseparável do eu, superposto ao "corpo objetivo" que depende de outra perspectiva (é, essencialmente, a do "corpo de outrem" visto de fora e tal como o entendimento pode concebê-lo ou, ainda, a da ciência anatômica, então em pleno desenvolvimento graças a Fabrício de Aquapendente, Vesálio, Bauhin, Falópio etc.).

---

18   Respostas de Descartes às quartas objeções (M. Arnauld).

"E, se não fosse assim, ao ser ferido meu corpo, eu não sentiria dor, eu que sou apenas uma coisa que pensa; mas perceberia esse ferimento apenas através do entendimento, como um piloto percebe pelo olhar quando algo se rompe em seu navio, e, quando meu corpo precisar de água ou de alimento, saberei disso simplesmente, até sem ser avisado por sentimentos confusos de fome e de sede" (VIª Meditação). Tampouco somos conscientes da forma como se exerce em nós o esforço motor, mas sabemos que ele só ocorre por nossa própria decisão.

A dúvida não é possível: Descartes define explicitamente vários corpos – o mecânico e o vivencial. Ele abre largamente o caminho para a pluralidade dos corpos. Daí tiramos duas análises importantes que devem enriquecer exatamente esse segundo corpo, o existencial, aquele que nós sentimos e movimentamos, o da união da alma e do corpo.

a) Resulta, primeiro, que nas situações críticas esse organismo reage com prontidão e, sobretudo, com habilidade.

Não devemos concluir, em vista da rapidez e da segurança, pela mecanização corporal da resposta (como se essa resposta decorresse de um "corpo objetivo"). Vamos situá-la, ao contrário, no "corpo subjetivo".

Seguimos inteiramente Georges Canguilhem quando mostra, apoiado nos textos, que o conceito fisiológico de reflexo que pensamos (e desejamos) ler na biofilosofia de Descartes aí não se encontra – nem a palavra, nem a coisa.

Mas não pensamos afastar-nos da sua magistral interpretação pela invocação e pelo comentário do texto a seguir, encontrado nas respostas às quartas objeções: "Quando os que caem de certa altura colocam as mãos à frente para proteger a cabeça, não o fazem por conselho da razão; isto não depende do espírito, mas apenas de seus sentidos que, alertados do perigo iminente, causam uma mudança em seus cérebros, determinando aos espíritos animais que instruam os nervos, de forma necessária, para produzir esse movimento numa máquina, sem que o espírito possa impedi-lo". Descartes dá a ilustração de uma réplica automática que não pressupõe qualquer intervenção da reflexão (devido à instantaneidade da resposta). Pensou-se ver exatamente, nisto, um "reflexo de defesa", ainda mais por Descartes comparar, no texto, a ação que se produz ao disparo de uma máquina.

Mas já que "essas mãos postas à frente para proteger a cabeça" implicam o cérebro e o curso consecutivo dos espíritos animais (isto é, o influxo nervoso), assim como está expresso, somos forçados a entendê-los como o resultado de um aprendizado ou de uma série de hábitos, ou, melhor, da "sabedoria do corpo".

Adquirimos esta conduta; eis por que os espíritos animais seguem tão facilmente o circuito já inteiramente traçado. Da mesma forma, se retiramos a mão de um fogo que a queima, não somos movidos apenas pela dor, mas também pela experiência dolorosa do passado que intervém para provocar o recuo. Enfim, ainda que se trate de movimentos involuntários – dada a sua rapidez – não poderíamos considerá-los como puramente mecânicos, na medida em que a terceira substância (a psicofisiologia da união) joga com associações úteis, conservadas na memória orgânica.

Sem querer complicar, chegaremos até a encarar, no limite, a existência de um terceiro corpo, ainda que mesclado aos dois precedentes (o objetivo e o vivido) – aquele que "sedimentou" os gestos protetores – um corpo de hábitos. Ele se confunde certamente com o segundo (o sentido): ele não impede que certo tipo de pensamento seja convertido em "não pensamento" muito mais imediato na realização. Principalmente, não vejamos aí um "reflexo" (que deveria ser atribuído ao "corpo objetivo"), mas tão somente uma reflexão que se objetivou ou se materializou.

O vocabulário pôde trair os historiadores da biologia que caíram na mesmo armadilha: se a palavra reflexo não se encontra em Descartes, um termo vizinho favoreceu, sem dúvida, o deslize. O artigo 36 das *Paixões*, que analisa as reações ao medo, trata "dos espíritos refletidos da imagem assim formada sobre a glândula (pineal) [que] vão se dirigir dali aos nervos", provocando a fuga. Já que o influxo "se reflete" bruscamente, essa expressão pôde auxiliar "uma precipitação" na terminologia. Mas, longe desse pseudorreflexo vir a completar, em Descartes, sua neurofisiologia, ele lhe permite enriquecer o corpo de experiências (o terceiro corpo histórico, em nosso vocabulário).

b) A VIᵃ Meditação desenvolverá largamente a tese da sensorialidade, que não nos engana.

Após a motricidade engenhosa e defensiva que caracteriza "este novo corpo", vejamos o caso da receptividade que nos alerta, sempre, e com discernimento. E o corpo resulta novamente engrandecido: escapa, cada vez mais, às metáforas mecanicistas.

Limitemo-nos a lembrar o caso, debatido por Descartes, do "membro-fantasma", ao qual voltaremos mais tarde. Descartes foi buscá-lo no arsenal das patologias em discussão (desde Ambroise Paré (o primeiro a revelar essa estranha sintomatologia: a de um enfermo que continua a sentir dores na perna amputada).

Mas será que o corpo não dá, nesse caso, uma prova do seu desregramento? Convém desconfiar dele?

Descartes, desejando principalmente inocentar Deus, criador do corpo humano, mostrará, ao contrário, que esta ilusão vale mais que a verdade (a do corpo anatômico); ela nasce precisamente daquilo em que o corpo humano difere de uma máquina (até quando se comporta de forma maquinal), tanto quanto do corpo animal ao qual falta, por princípio (para Descartes, os animais não pensam), a indivisibilidade funcional, ligada à união da alma e do corpo.

A inexatidão objetiva do "membro-fantasma" cessa tão logo sabemos interpretá-lo: em algum lugar onde o nervo é excitado, seja no meio ou na terminação, deve ocorrer sempre a mesma e única impressão dolorosa.

Se inversamente, por acaso, cada segmento do nervo nos avisasse, por iniciativa própria (estímulos locais discriminativos), ficaríamos submersos por grande quantidade de informações inúteis que chegariam até a nos enlouquecer. Além disso, a dor a meio caminho decorre de uma visão puramente anatômica, tanto que, para o corpo existencial – o da dor –, as partes não contam, só o todo que é ameaçado e sofre.

Ademais, é preciso que a sensação seja sempre transmitida, pela cerebralidade alertada, à periferia, no ponto onde corremos perigo (o pé). Importa ir ao mais simples, ao mais rápido, ao mais salvador.

De que serviria um alerta em um ponto do percurso do nervo? Neste último caso, de fato, não podemos replicar. Agimos somente na superfície do nosso corpo (e não no seu interior). A via eferente se modela na aferente e reciprocamente.

Não devemos examinar o sistema de nossa "receptividade-réplica" do ponto de vista anatomofisiológico, o do olhar do outro, que ignora, por definição, o sofrimento, mas é preciso imergi-lo no corpo que sofre e que procura, por todos os meios, anular a provação.

A dor não deve ser localizada nem no cérebro nem no trajeto do nervo, mas lá onde podemos nos proteger, na extremidade do membro, ainda que perdido (amputado).

Aliás, não é impossível que, aí mesmo, o corpo das lembranças e dos usos (o corpo histórico) exceda o existencial, o qual recobre, por sua vez, o anatômico. Reagimos, pois, como no passado, com a perna toda (que só foi perdida para o corpo objetivo).

Em resumo, conservaremos do cartesianismo não a teoria do corpo-máquina que não convém, mas a tese dos corpos superpostos; daí os afastamentos possíveis entre eles (em especial, no caso do membro-fantasma), embora coincidam, em geral.[19]

* * *

O interesse do cartesianismo não se limita apenas a ele mesmo – uma das teorias mais audaciosas e das mais contrastadas (os multicorpos) –, mas na reação que provocou: ela iria causar uma febre não só à biologia experimental, mas também à filosofia.

Depois dele, ou com ele, o corpo se coloca, doravante, no centro das discussões. Arrasta consigo Deus, o mundo inteiro e o eu.

---

19 Não nos parece que as explicações recentes – tal a de René Lerciche em sua *Cirurgia da dor* (a respeito do sofrimento de um membro amputado) – possam abolir a solução cartesiana. Ocorre o mesmo com o hidrópico que bebe tanto que acabará morrendo: esse grave distúrbio sensorial que Descartes explica na VIª Meditação não é contestado, ainda que venha ser altamente precisado e renovado pela atual neuropatologia.

O mecanismo cartesiano, que foi o único conservado e até deformado, poderia chegar até o ponto que alcançou? A biologia sairá desta interrogação, deste sismo. Ela se dedicará a enfrentar o radicalismo cartesiano, revelando, em consequência, nos corpos animais (com os quais realiza experimentos), funcionamentos que não podem resultar do simples jogo cego de molas, de dutos e de filtros. Apenas Deus (como reconhecia Descartes, mas foi simplificado e esquecido), somente Ele, pôde criar esses funcionamentos e dotá-los de capacidades irredutíveis às leis, notadamente às do movimento. Observação lembrada com frequência: o operário coloca sua marca na sua obra! A biologia, nesta época, busca um aspecto apologético e, até mesmo, sacerdotal.

Mais tarde, reagindo a essa reação (ao mecanismo cartesiano), a biologia voltará a um materialismo acentuado: ficará oscilando, passando de um extremo ao outro.

Encontramos, aliás, esses dois componentes antonímicos – o religioso ou, então, o de Voltaire – na consciência do médico ou do biólogo contemporâneos, na medida em que a história continua pesando em suas respectivas disciplinas.

Antes de invocar essas intermináveis disputas, que ocuparão principalmente o século XVII – daí uma biologia e uma medicina românticas, de um corpo capaz de prodígios –, os próprios cartesianos procurarão limitar ou corrigir a doutrina do seu inspirador.

Assim, Malebranche, entre outros, procurará remover a geração do âmbito da biofísica. A física dos corpos não pode explicar a formação do feto que realiza "uma essência" prévia e superior aos determinantes. Como entender, então, a geração e o nascimento de um indivíduo semelhante aos seus genitores?

Para sair desse impasse, Malebranche construirá seu célebre conceito do "encaixamento dos germes".

a) Inicialmente, a micrografia revela mais que o "cirão"[20] ou os microanimais que circulam nas águas doces, todos visíveis a olho nu: ela possibilita descer até os átomos vitais e as células, a

---

20   N.T.: Cirão – animal minúsculo, ácaro, aracnídeo; exemplo de tamanho extremamente pequeno.

ponto de revelar, também, quanto "uma pequena parte da matéria que se esconde dos nossos olhos é capaz de conter um mundo no qual existiriam tantas coisas, embora em proporções muito menores, que o vasto mundo no qual vivemos".[21] Até os animais, os mais microscópicos, encerram animais mais imperceptíveis, e assim por diante. O corpo vivo, vegetal ou animal, parece um envelope que congrega inúmeros elementos que, por sua vez, e até o infinito contêm outros, ou seja, um corpo que nunca poderá ser totalmente revelado: a menor parcela dele guarda em si uma imensidão. Paralelamente, a gota d'água vale por um oceano. A micrografia dos holandeses causa confusão para o observador: "Só encontramos um cristalino no olho de um boi, mas descobrimos, hoje, milhares nos olhos das moscas. Pensai, além disto, que uma vaca só produz um ou dois vitelos por ano e que uma mosca faz um enxame, pois os animais, quanto menores, mais fecundos".[22]

b) Partindo daí, Malebranche não encontra dificuldades em dispor o infinito das gerações futuras nas células do primeiro homem; e a observação, pelo menos a dos vegetais, mais sumária e mais visível o tranquiliza: no inverno, se descascarmos o bulbo de uma tulipa, percebemos, a olho nu, as folhas que se tornarão verdes, a tulipa inteira pronta para o crescimento. A geração não cria um ser; ela o explicita e o desenvolve. Este ser estava apenas oculto nas entranhas dos seus ancestrais, e daí resulta, aliás, a semelhança entre eles.

A partenogênese ulterior (no início do século XVIII) irá corroborar essa estranha visão: o pulgão (fêmea) produz filhotes que encerram logo outros que se libertarão sem necessidade da intervenção de um macho (acasalamento). Não há, pois, necessidade de um "outro" para participar da sua elaboração e do seu nascimento.

---

21   Malebranche, *Recherche de la vérité*. I, VI, § 1 (des erreurs de la vue à l'égard de l'étendue en soi) – (Busca da verdade – dos erros da vista a respeito da extensão em si).

22   Malebranche. *Entretiens sur la métaphysique et la religion* (Conversas sobre a metafísica e a religião). Entretien X, § IV.

Réaumur, em suas *Notas sobre os insetos* já havia fixado o quadro dessa leitura: "Pegar um pulgão na saída do ventre de sua mãe e criá-lo de forma tal que não possa ter contato com qualquer outro inseto da mesma espécie". E Charles Bonnet acrescenta: "Animado pelo convite do Sr. de Réaumur, comecei, em 1740, a tentar essa experiência com um pulgão de evônio".[23-24] E ele verificará a legitimidade dessa multiplicação ilimitada, autônoma, como endógena.

Assim, Malebranche, o discípulo, impedia o cartesianismo de cair em um mecanismo negativista desenfreado: ele reconhecia que todo ser vivo possuía o atributo da infinitude dos tecidos, que o torna capaz de uma permanência ilimitada. Ele salvava o cartesianismo de uma espacialidade uniforme e banal (o enrolamento e a implicação).

* * *

Se Malebranche soube livrar o cartesianismo de um mau caminho, isto é, da sua doutrina epigenética – o inverso daquela da pré-formação –, o século XVIII, mais resoluto e mais crítico, aplicar-se-á a tirar-lhe tudo: o sensório-motor, o digestivo, o respiratório, os movimentos do coração etc. Não é preciso fazer a lista de todos aqueles que trabalharam nessa demolição e na emergência do novo, do qual se erguerá outra concepção do corpo. Estaríamos nos desviando para uma antologia (assinalemos, porém, no tocante ao sensório-motor, a importância de Willis, de Whytt e até a de Pourfour du Petit (*Cartas de um médico dos hospitais reais a outro médico seu amigo*, 1710), que preconizam abertamente um "novo sistema do cérebro", na de Réaumur no que diz respeito à digestão e, afinal, na de Richard Lower, que renovaria os conhecimentos do sistema cardiovascular em seu "*Tractatus de corde, item de motu et colore sanguinis*" (1669).

A biomedicina de fins do século XVII e do século XVIII – a ciência dos corpos vegetais e animais – perceberá sempre, neles, o

---

23   **N.T.**: Evônio (*Euonymus europaeus*) – arbusto europeu.
24   Charles Bonnet. Observações sobre os pulgões, Introdução. In: *Obras completas*. t. 1, p. 18.

que ia livrá-los das representações elementares. A natureza cria, com eles, o surpreendente e o enigmático.

O corpo do homem escapa, ainda mais, de nossas primeiras preensões ou dominações. Surgirá daí uma biofilosofia barroca que nos permitirá colher uma série de resultados positivos. O que é, então, o corpo humano, a não ser o que nos ensina que não havíamos entendido aquilo que pensávamos ter entendido bem? Serão necessárias astúcias para arrancar-lhe fragmentos da verdade. Antes de *O nascimento da clínica*,[25] a dos fundadores tais como Bichat, Pinel, Cabanis, Laënnec e, mais tarde, Broussais – médicos amadores, quando não lúdicos, souberam recolher a respeito do corpo, através de seus distúrbios e feitos, observações que o tornavam mais complexo e, principalmente, que impediam sua redução à biofísica. Lendo os registros das Academias, os tratados da época, as correspondências e discussões, vendo as numerosas experiências realizadas, nós nos convencemos da riqueza e da amplitude dessa corrente: a seu modo, Mesmer a representa bem, ainda que deformando-a e deturpando-a.

Um filósofo como Diderot irá orquestrar esse movimento de um corpo insondável e romântico; ele o transformará até em arma para combater um "racionalismo" insuficiente e asfixiante, a seus olhos. Ele libera o corpo culturalmente. Lembramos, várias vezes, que, renovando, assim, sua compreensão, ele espera abalar o conjunto da sociedade (o rei, a lei, a fé, o eu). O corpo – cavalo de Troia – parece introduzir, de fato, a ideia destruidora de uma representação paradigmatizada, não mais centralizadora (o rei), mas federativa (as assembleias), menos unitária do que reticulada (a célebre teia de aranha, a rede).

"*Le rêve de d'Alembert*" (O sonho de d'Alembert), um dos escritos rodopiantes de Diderot, impõe, mais que qualquer outro, a teoria de um corpo barroco. O filósofo entremeou seu texto com ilustrações surpreendentes, mais reveladoras e inesperadas, umas que outras. Elas remetem a considerações patológicas ou médicas centradas, principalmente, no sistema nervoso.

---

25   Editado por Forense Universitária.

Destacaremos três:

1) De acordo com a primeira consideração, Diderot antecipa o que atribuiremos, mais tarde, "ao esquema corporal" – um corpo interior ao próprio corpo, graças ao qual nós o sentimos, o percebemos e podemos movimentá-lo.

Quem nos garante a existência deste "corpo interior", mais importante e decisivo que o corpo real (ele condiciona seu uso), a não ser a patologia, quando ela desmonta e separa um corpo do outro (que o continha)?

Para Diderot, de fato, nossa sensibilidade forma uma rede, mas essa rede está suspensa em um ponto (mais ou menos consciente) que a segura. Podemos assistir, então, a uma dupla dissociação: ou o ponto absorve essa rede que se ramificava no corpo real, ou a rede se desliga de sua ligação e se libera. Devido à perturbação deste "corpo interior", nosso corpo atinge, ao menos em sua representação, a extrema redução ou, então, o aumento.

A Srta. De Lespinasse reconhece: "Tornava-me imensa. Meus braços e minhas pernas se alongavam até o infinito, o resto do meu corpo adquiria um volume proporcional, o Encelade da fábula não passava de um pigmeu, a Anfitrite de Ovídio, cujos longos braços formavam uma imensa cintura em torno da terra, comparada comigo, era uma simples anã; eu escalava o céu e abraçava os dois hemisférios". A isto, o célebre médico Bordeu responde: "E eu conheci uma mulher na qual o fenômeno ocorria em sentido inverso, a ponto de se sentir pequena como uma agulha. Ela via, entendia, raciocinava, julgava, tinha um medo terrível de se perder; ela estremecia quando se aproximava qualquer objeto, por menor que fosse, não ousava sair do seu lugar".[26]

Ou o indivíduo só existia como um ponto, ou, acrescenta Bordeu, sua dilatação podia ser ilimitada.

2) Outro comentário de uma patologia insólita em *Le rêve*: um cirurgião (La Peyronie, que fundou, com Qesnay, a academia de cirurgia) trepana um doente para reduzir um abscesso no cérebro.

---

26   Diderot. *Le rêve de d'Alembert*. In: *Œuvres philosophiques*. Clássicos Garnier, p. 334.

Ele limpa o abscesso com uma seringa. Quando introduz a seringa no abscesso, o doente fecha os olhos; seus membros ficam sem ação, sem qualquer sinal de vida. Quando ele injeta um fluido no abscesso e alivia a raiz do feixe do peso e da pressão do fluido injetado, o doente abre os olhos, move-se, fala, sente, renasce e vive".[27]

Ainda que Diderot torne patética e acerte a intervenção, não deixa de evidenciar a existência de um "centro motor" capaz de ser paralisado ou acordado. Após o reconhecimento do dispositivo "somatossensitivo" que acabamos de lembrar – a representação de um corpo ou diminuído ou alongado –, ele parece descobrir, aí, a origem da motricidade voluntária (isto é, cerebral).

Diderot conclui, é verdade, que um homem pode rapidamente "renascer e morrer à sua vontade". Bordeu, alegre, conclui que "a cabeça comanda o pé, e não o pé a cabeça" ("a origem a um dos ramos e não o ramo à origem").

3) Nesse mesmo *Rêve de d'Alembert*, Bordeu se compraz em multiplicar os relatos fabulosos cuja oportunidade lhe é dada pelo corpo. Acima de tudo, renunciemos à teoria de um organismo "sem ação e sem força". Ele assim distrai e diverte a Srta. De Lespinasse, sua interlocutora.

Várias de suas lembranças médicas giram em torno da hipnose – o mergulho voluntário em um sono (provocado).

Assim, "havia em Langres, uma pequena cidade da região da Champagne, um padre chamado "o Moni" ou "de Moni" (a história começa como um conto, com "era uma vez"), bem compenetrado, bem imbuído da verdade da religião. Ele foi atacado por uma doença, que formou uma concreção que foi preciso remover. O dia foi marcado, o cirurgião, seus ajudantes e eu fomos à casa dele... Propõe-se amarrá-lo, mas ele recusa... Ele pede um grande crucifixo que estava ao pé do seu leito, que lhe é dado. Aperta-o nos seus braços, cola a ele sua boca. A operação é realizada e ele não deixa escapar nem lágrimas nem suspiros".[28]

27　Idem, p. 331.
28　Diderot. Op. cit. p. 351.

Esses três testemunhos relativos à neuropatologia nos revelam um corpo capaz de prodígios: o que é cerebral domina, nos
três casos, o organismo real, assume o comando e nos espanta.

A favor da bipartição entre o comando (o feixe, para Diderot) e aquilo que executa, podíamos esperar as dissociações mais
estranhas tanto pelos excessos de um (o comando) quanto pela
emancipação do outro (o executor).

* * *

O século XVIII penetrou inteiramente nessa brecha. Não
parou de aduzir pedras ao novo edifício, o de um corpo barroco
e crítico que sempre faz troça do experimentador, confunde-o e
ultrapassa o quadro da abordagem mecânica. Com ele, elemento
mais combativo da revolta, iremos de surpresa em surpresa.

Não é possível encarar todas essas surpresas; recusamos a antologia. Limitar-nos-emos a três descobertas muito surpreendentes, as mais comentadas, aliás:

1) A palma pertence possivelmente a Bordeu: ele devia realizar experiências com "as glândulas", especialmente a parótida
(*Recherches anatomiques sur la position des glandes et sur leur action*, 1752).

Os fisiologistas da época imaginavam que a secreção decorria
de uma compressão, no caso, a da mandíbula inferior, ao ocorrer
a mastigação; daí a inundação da boca por um fluido aquoso. Ao
mesmo tempo, pensavam que o escoamento desse suco digestivo
resultava, ele próprio, de uma "separação", como se a parótida apenas filtrasse, selecionando os humores a fim de conservar e liberar
o que favorece a assimilação.

Bordeu realizou uma experiência sumária, porém essencial:
colocou uma esponja embebida em água no lugar da glândula cuja
ablação realizou cuidadosamente. Embora mexesse energicamente
a mandíbula do animal, os movimentos não fizeram surgir água.

E Bordeu faz apelo a uma biologia convulsiva: só o nervo ativa a glândula; solicitada, ela tem uma capacidade irritativa. Tão
logo solicitada, ela se contorce e apresenta violentos movimentos

peristálticos. Bordeu condena os Chirac e Boerhaave, os médicos de linha hidráulica. "Não se para de publicar que o corpo humano é uma máquina hidráulica cujas molas um médico conhece bem, que ele dirige e da qual dispõe à sua vontade. E essa bela doutrina, dizia Chirac, assim como tantos outros, distingue os médicos modernos dos antigos..."[29]

Bela fórmula lapidar de Bordeu: "Onde para o físico, começa o médico".[30]

2) Outra revelação de uma fisiologia adepta de um corpo que engana as teorias reinantes devemos a Spallanzani, que estudou, entre outras coisas, a digestão, quer nos animais, quer nos homens.

Prevalecia, então, o ponto de vista de Hecquet, médico importante que era taxado de "o Hipócrates francês". Ele o expôs em sua obra *"De la digestion des aliments et des maladies de l'estomac, suivant le système de la trituration ou du broyement sans l'aide du levain ou de la fermentation"* (1712).[31]

No rastro dos mecanicistas, esta filosofia era explicada por um intenso amassar que reduzia tudo a mingau ou dilacerava até mesmo as massas alimentares; daí um estômago musculoso, poderoso.

Réaumur já havia contestado essa concepção física, mas Spallanzani trará complementos que irão impor uma interpretação não motriz: a liberação de um suco gástrico capaz de romper as fibras absorvidas.

Será a física substituída, então, por uma química? Mas Spallanzani nos introduz, principalmente, em observações fisiopatológicas originais e interrogativas.

Duas questões, pelo menos, despertaram-lhe a atenção: a) Como entender que continuemos a digerir após a morte? A inter-

---

29   Bordeu. *Œuvres complètes*. t. II, p. 577.
30   Idem, t. 1, p. XXIII.
31   *Da digestão dos alimentos e das doenças do estômago, segundo o sistema da trituração e do esmagamento sem auxílio de levedura e de fermentação.*

rupção ou a continuação dessa atividade assimiladora (tanto no animal quanto no homem) vai fornecer precisões úteis a respeito da parada definitiva ou do prolongamento da vida. b) Spallanzani se interessa também pela questão de saber por que, em certas patologias (como a úlcera) o estômago "digere a si próprio", quando, em princípio, sua parede escapa da violência do ácido?

3. No entanto, aquele que mais repercutirá no seu século e na filosofia do corpo, Haller, fez e impôs uma descoberta analítica sem precedentes.

Ele distingue primeiro a elasticidade de certas fibras (dos tendões). Quando corta essas fibras, as duas metades se afastam, em uma espécie de retração própria de cada uma, advindo, daí, um nítido afastamento entre elas. Resulta um forte movimento (de recuo), que se trata de um fenômeno puramente mecânico, resultante da tensão no interior do feixe.

A irritabilidade do músculo difere totalmente: uma espécie de tremor ou de autoagitação o atravessa (ele se torce, como um verme), tão logo espetado ou apenas roçado. Ele palpita, relaxa e se contrai. "Essa força, observa Haller, é absolutamente diferente de qualquer outra propriedade dos corpos conhecidas até então, e essa observação é novidade. Ela não depende nem do peso, nem da atração, nem da elasticidade, já que é própria da fibra mole e desaparece na fibra que endurece".[32]

Outro atributo qualifica certos filamentos (os nervos): a sensibilidade. Eles transmitem a menor excitação, mas dela não participam (nenhum movimento ocorre nelas). O nervo não é contrátil: embora o músculo se convulsione, ele permanece imóvel.

Devemos separar essas três noções (elasticidade, irritabilidade, sensibilidade), muita vezes excessivamente confundidas ou emparelhadas. Elas caracterizam, de forma eletiva, tal ou tal cordão. *Fibra enim physiologo id est quod linea geometrae* (A fibra está para a fisiologia assim como a linha está para a geometria).[33]

---

32   Alb, de Haller. *Eléments de Physiologie*. Tradução francesa. 1769. t. I, p. 252.

33   Alb, de Haller. Op. cit. t. I, p. 2.

A irritabilidade foi especialmente colocada à frente: o corpo humano está, de fato, pleno de forças explosivas (o energético) e é atravessado por fluxos de inquietudes que o mobilizam. A respiração dá um belo exemplo disto: "Não vejo como poderia ser explicado seu movimento alternativo, a não ser por uma inquietude que acompanha a inspiração e a expiração, o que faz sentir a necessidade da sucessiva passagem de uma a outra".[34]

* * *

Bordeu, Réaumur, Spallanzani, Haller e muitos outros poderiam testemunhar em favor dessa imensa corrente do século XVIII rumo a uma renovação da fisiologia, hostil, ela própria, tanto ao iatromecanismo quanto à quimiatria então nascente.

A despeito do interesse das novas observações ou das contestações que elas comportam, parece-nos mais importante fazer o levantamento do horizonte sociopolítico no qual elas operam, se ele não as inspira diretamente.

Um amador esclarecido, o Doutor Claude Brunet (em sua obra *Le progrès de la médecine, contenant un recueil de tout ce qui s'observe d'utile à la pratique, avec un jugement de tous les ouvrages qui ont rapport à la théorie de cette science*, 1695),[35] observava, com pertinência: "Os médicos antigos consideravam o Corpo do Homem como um Estado político, que acreditavam ser regido por uma natureza particular, reunindo várias faculdades ou poderes a ela subordinados, para o bem do animal" (Prefácio). Esta anotação, muito justa, não nos surpreende, pois os gregos, como já vimos, tinham alinhado o exame do corpo com o da Cidade (daí a famosa tripartição, ao mesmo tempo somática e social).

Um ponto de vista piramidal e unitário continuava governando a teoria fisiológica, mas, justamente, os Bordeu, Spallanzani e Haller aderiram abertamente ao "federalismo". Eles libertam o corpo de uma ideologia centralizada em demasia.

---

34 Idem, t. II, p. 245.

35 **N.T.:** *O progresso da medicina, contendo uma coletânea de tudo o que se observa de útil na prática, com uma apreciação de todas as obras que têm relação com a teoria desta ciência.*

Se Bordeu enfatizava as interdependências orgânicas, ele devolvia, principalmente a cada órgão, sua autonomia: "A menor parte pode ser considerada, por assim dizer, como formando um corpo a parte... Não se estranhou que um célebre antecessor tivesse dito, a respeito de uma víscera do baixo-ventre, que ela era *animal in animali*; sem dúvida, cada parte não é um animal, mas uma espécie de máquina à parte".[36]

Na mesma página, Bordeu desenvolve extensamente uma comparação que Diderot irá expandir: a de um corpo semelhante a uma colmeia de abelhas. "Comparamos o corpo vivo a um enxame de abelhas que se juntam, formando uma pelota, e se penduram em uma árvore, como um cacho... Todas concorrem para formar um corpo bastante sólido, mas cada uma, no entanto, tem sua ação particular à parte".[37] Haller irá reforçar esse aspecto (a diferenciação das fibras).

Um pouco mais tarde, Bichat contentar-se-á em retocar o conjunto, substituirá seus recortes e, até, sua nova tríade (cérebro, coração, pulmão) por aquela que estava em voga: distinguiam-se, com Bordeu à frente, três províncias principais (cérebro, coração, estômago).

Pouco importa, aqui, essa modesta troca partitiva. O cérebro, ainda que se reconheça sua importância, não deixa de ser parcialmente rebaixado. Ele conserva, apenas, o papel de árbitro.

Modesta e simples confirmação experimental: se fizermos a ligadura de um nervo ao nível da sua inserção no músculo, não observaremos qualquer "tumor" nesse nervo (isto vai de encontro à ideia de um fluxo nervoso que viria de cima); por outro lado, observamos que esse condutor não é, em nada, um canal oco, o que se imaginava por muito tempo. Por fim, o músculo pode ser excitado diretamente por um estímulo (uma ponta de agulha); portanto, ele não estava paralisado.

---

36   Bordeu. Recherches anatomiques sur la position des glandes et sur leur action. In: *Œuvres choisies*. t. 1, p. 187.

37   Idem.

Finalmente, a cabeça, topo do corpo, assegura, doravante, a única função de estabelecer o equilíbrio entre o que recebe e o que devolve, as entradas e as saídas, isto é, o sensório-motor. Esta já é, metaforicamente e por transposição, a função não absolutista reservada ao rei (ele deveria renunciar às suas prerrogativas e se limitar a arbitrar as Assembleias provinciais, retornadas à sua soberania deliberativa. Em resumo, o espírito pré-revolucionário, aquele de 1789, soprou primeiro na neurofisiologia. Não devemos nos surpreender se os políticos ou os filósofos do progresso discutem sobre biologia (Diderot, Montesquieu etc.). Através dessa disciplina em pleno crescimento, delineiam-se os problemas sociopolíticos de organização, tal a impossibilidade de separar o corpo da cidade onde vive.

Nos nossos dias, o biólogo acredita, pensa ou deseja estar abrigado, longe desses vastos problemas, libertos do ambiente ideológico. Mas hoje, tanto quanto ontem, essa ideia não pode ser sustentada.

É mais difícil atingir o corpo do que imaginamos. Antecedentes culturais continuam pesando sobre nossas representações.

Capítulo 3

Rumo aos Multicorpos Objetivos

Os séculos XVII e XVIII foram palco de uma polêmica interminável entre aqueles que reduziam o corpo a um arranjo mecânico e os que lhe atribuíam propriedades incomparáveis. A discussão se desenvolvia sobre um pano de fundo filosófico, metodológico e teológico.

Quem duvidaria que, na época, o corpo servisse apenas de pretexto para uma batalha de tal vulto? Desta forma, reduzir sua importância assim como seus poderes permitia valorizar o pensamento, liberado de toda limitação, capaz de vencer o que poderia condicioná-lo. Inversamente, privilegiar o corpo favorecia o projeto dos revolucionários que, por esse viés, rediscutiam o "eu refletivo" e, ainda mais longe, uma formulação bem conhecida, a Fé, a Lei, o Rei.

No final do século XVIII e no século XIX, esses vastos horizontes serão ampliados. Naturalistas, biólogos e médicos dedicarse-ão a explorar melhor "o corpo objetivo".

Propomo-nos justamente fazer o inventário das suas observações; no entanto, não abandonaremos "a via histórica" que seguimos anteriormente. Nós nos orientaremos em direção a uma "somatologia" que mesclará os resultados, como o experimental e o especulativo.

O que nos revelam as estruturas corporais? Damos importância um tanto maior ao exame proposto, visto que os filósofos contemporâneos consideraram mais "o corpo objetivo" (o vivenciado, o para si). Além de não nos descuidarmos da outra direção, não deixaremos, em seguida, de fundir as duas abordagens. Por que não tentar juntá-las? De início, importa, entretanto, examiná-las sucessivamente.

* * *

Para melhor entender o corpo humano na sua especificidade, procederemos inicialmente *a contrario*: o que nos revelam, de certa forma, por falha, os seres vivos, os organismos mais rudimentares (plantas ou protozoários)? Eles pertencem, sem dúvida, ao mundo dos corpos. Em sentido amplo, na medida em que formam um "todo organizado" – o que é, primeiramente, um corpo – e até particularizado, embora se enquadrem, todos, em uma família (a espécie) e exibam, assim, os caracteres genéricos da mesma. Mas, além dessas características comuns a muitos, cada corpo, e até mesmo cada parte dele, está marcado pelo mesmo "sinal" que o individualiza. Não podemos confundi-lo: as folhas da mesma árvore acabam divergindo.

Além disso, nenhum deles deixa de ter uma certa autonomia: não dependem inteiramente do meio, ainda que esse meio lhes seja indispensável e neles imprima sua marca. Eles se adaptam principalmente ao meio, mas chegam, às vezes, a modificar suas atividades ou constituições para melhor resistirem a ele; daí a "consistência" que apresentam.

E quem poderia recusar-lhes um porte, uma espécie de fisionomia (um *fácies*) que permita reconhecê-los? Basta percebê-los para podermos identificá-los e inferir suas particularidades, sejam anatômicas, sejam fisiológicas.

É que nele tudo se corresponde, devido à subordinação dos caracteres, implicados uns aos outros. Poderemos dispensar, por exemplo, abrir a semente (não cedamos à tendência analítica); basta podermos perceber as nervuras eventualmente paralelas da folha (e é um monocotiledôneo). Sabemos, imediatamente, que a flor está disposta segundo o tipo 3, assim como todos os seus artigos ou órgãos, ao contrário das plantas com folhas largas e achatadas, ramificadas, cujas flores são organizadas a partir do número

5 ou, até, 4, como foi evidenciado por Antoine Laurent de Jussieu: ele descobria a "ordem natural" e substituía os sistemas artificiais por verdadeiros arranjos "bio-lógicos".

A monocotiledônea (como o lírio ou o gladíolo, dominados pela verticalidade) ou a dicotiledônea (o goivo ou a urtiga, mais orientados para a largura e o espalhamento) não somam elementos ou peças: nelas, tudo se corresponde, se desdobra ou se reflete (afinidades). A partir de um dos seus constituintes morfológicos, poderemos encontrar os demais, sem dificuldade.

Quantas propriedades para esses corpos! A afirmação deles e a resistência às modificações externas, a individualidade que desce aos mínimos detalhes, a lógica componencial, a unidade, até o aspecto, em que pesem os poucos recursos nos quais se inscrevem (uma vertical – o caule – cortada por horizontais ou oblíquas (os galhos e as folhas): o que lhes falta?

Não os consideraremos, entretanto, como "corpos", no sentido forte da palavra, pelo tanto que estão desprovidos do essencial. Não resolveram a dialética do todo e das partes, apanágio quase exclusivo do corpo humano.

De fato, é possível dissociá-los e dividi-los: não só um pedaço deles se liberta (a reprodução por estacas), mas é possível retirar apenas uma parte mínima dessa parte: bastará menos que uma folha, um pecíolo ou um pedaço do limbo. Ademais, no lugar de enterrar, de "plantar" o fragmento, imitando a planta, podemos deixá-lo simplesmente pousado no solo, bem deitado; a nervura tocará o ponto de enraizamento: ela produzirá raízes e dará origem a uma nova planta-mãe inteira.

Multiplicação inacreditável, mas que tende a provar o poder morfogênico de cada fragmento e, correlativamente, a fraqueza dos laços que o uniam ao "todo", pois ele se emancipa tão facilmente.

Não é preciso intervir: quantos vegetais crescem com longos caules na ponta dos quais balança uma planta-filha em miniatura! E essa, tão logo possível, irá se enterrar, com ajuda de seu próprio peso: a ligação com a planta-mãe fica ressecada e um novo broto se desenvolverá, assim como todos que reproduzem as árvores e as espalham. O estolho arranca sua independência. Por fim, consideremos a maior parte de nossos vegetais como colônias, uma multiplicidade apenas reagrupada!

Certas plantas (bulbares) nascem até em tufos, dotadas de muitas raízes ramificadas; secionamos a massa (cisão ou surgimento de vários pés). O próprio ser se oferece à separação; ele era, apenas, uma aglutinação.

É verdade que o homem intervém quando enfia um ramo aéreo na terra, curvando-o, obrigando-o a ficar enterrado. O ramo irá se transformar em raiz e será destacado da base. Descobrimos, nesse caso, outro princípio, ou seja, que qualquer órgão pode se transformar em outro (o ramo transformando-se, aqui, em raiz). Como percebera Goethe, todos os artigos podem derivar uns dos outros: as diferenças ocultam a identidade.

Resulta, pois, que, no vegetal, cada parte vale pelo todo, o que vem provar que o todo (aparente) só devia conglomerar ou acrescentar partes essenciais, capazes de se liberarem ao menor sopro. A fácil autonomia dessas partes (*pars totalis*) enfraquece a pseudounidade que não realizou a fusão entre os diversos componentes. Essa montagem-junção chama atenção pela pobreza do seu monadismo.

Se duvidássemos do ponto acima, o "enxerto" nos convenceria: ligamos a uma árvore – o porta-enxerto – outra – o enxerto – e, daí, resulta uma verdadeira mestiçagem. Convém, certamente, assegurar que haja certa semelhança entre as duas. É preciso que pertençam à mesma espécie, ainda que se conheçam algumas notáveis exceções dessa exigência, aliás, muito relativa. Juntamos uma planta sem folhas – um simples caule – com outra sem raízes – os galhos – para realizar outra que possui características das duas, pois elas não deixam de se influenciar e de se misturar. Já em 1600, Olivier de Serres notava que os cravos brancos enxertados em buglossas[1] se tornavam azulados.

Essas várias operações de brotação ou de enxerto não deixam de desacreditar o vegetal privado de verdadeira unidade. Em suma, ele nos engana, com sua aparência resoluta e persistente.

---

1   **N.T.:** Planta da família das boragináceas, com flores azuis.

Quanto aos protozoários, situados na parte mais baixa da escala animal, eles conhecem uma espécie de brotadura ao contrário: não é mais uma parte deles que fornecerá o todo, mas esse todo, do qual terá sido retirada uma parte, isto é, um órgão, que irá reconstituí-lo. Já galgamos, pelo menos, um grau: o conjunto começa a se impor tanto, que, embora amputado, ele se regenera, com a condição, é verdade, que subsistam algumas raízes morfogênicas no tecido (a base). Quanto à parte removida, privada da ligação com o todo ou o ser vivificante, ela não tarda a morrer.

Nem todos alcançam esse nível. A minhoca, cortada em duas partes, dá origem a duas minhocas iguais e completas porque seu corpo está mais para a agregação que para a unidade.

Insistimos nesse ponto porque nem todos os "corpos" estão igual e verdadeiramente unidos: quantas graduações encontramos, então, que nos desviam (justaposição, aglutinação, federação etc.)! Para escapar desse imbróglio, é importante intervir e testar a força dessa coalizão.

Charles Bonnet dedicou-se minuciosamente a essa tarefa: ele quis medir a realidade e a força das ligações intersegmentárias, assim como a potência multiplicadora dos segmentos (*Observations sur quelques espèces de vers d'eau douce, qui coupés par morceaux deviennent autant d'animaux complets*).[2]

A observação III tem por título *Sur des vers partagés en deux, trois, quatre, huit, dix, quatorze et vingt-six parties*.[3]

O experimentador não fica nisto. Inicialmente, ele pratica corte transversais cada vez mais numerosos, justificando que as minhocas, demasiadamente finas, não puderam ser divididas longitudinalmente. Que o seja. Em seguida, ele informa até onde foram essas manipulações: "Cortei no mesmo verme (que era a segunda metade de outro, dividido em julho de 1741) apenas a cabeça; em

---

2 **N.T.:** Observações a respeito de algumas espécies de vermes de água doce que, cortados em pedaços, se tornam outros tantos animais completos.

3 **N.T.:** Sobre vermes divididos em duas, três, quatro, oito, dez, quatorze e vinte e seis partes.

outro, apenas a cauda; em um terceiro, cortei essas duas partes, deixando, entre cada operação, um intervalo de tempo necessário para que o inseto pudesse tomar novos alimentos".[4] Por fim, o mais picante se encontra na observação X: *Expériences pour s'assurer si la reproduction des parties coupées est inépuisable dans le même individu*.[5] Como se comportam as partes das partes e até onde irá essa incansável divisão?

"Será inesgotável a fonte de reprodução das extremidades? Não parece haver base para acreditá-lo, porque não encontrei verme que se completasse mais de doze vezes".[6]

Poderíamos contestar esse resultado, mas só nos detemos na importância da capacidade regeneradora ou restauradora. O animal se aproxima do vegetal que brota; ele o iguala pela sua força de duplicação ilimitada, ou quase: o menor fragmento pode restituir o animal inteiro. E Charles Bonnet, que assimila os vegetais e os primeiros animais, vê, nisto, a ilustração da continuidade sem falhas da natureza: "A reprodução desses 'vermes de broteamento' pode estender-se até o infinito, assim como nas plantas" (Observação V). De um só, podemos obter uma pluralidade que, por sua vez, dará origem a multidões.

A associação, a grande aproximação, a agregação caracterizam os seres aos quais falta o essencial, a verdadeira fusão.

O verdadeiro corpo não tolera nem as divisões, nem o enxameamento direto, nem esse tipo de restauração completiva. Nos mamíferos, à medida que subimos no escalonamento animal, reduz-se esse dinamismo supletivo surdo ou o fundo de pluralidade. Mas, com o corpo do homem, com órgãos ainda mais integrados, desaparecem os vestígios do vegetativo: ele goza da propriedade da inseparabilidade. Ele está emparedado, de certo modo, na sua identidade (uma hiperligação).

---

4   Observations sur quelques vers d'eau douce. In: *Œuvres d'histoire naturelle et de philosophie*, 1779. t. 1, p. 216.

5   **N.T.:** Experiências para verificar se a reprodução das partes cortadas é inesgotável, no mesmo indivíduo.

6   Idem como nota 4.

Ficamos impressionados pela quase fúria histológica do embrião em apagar a segmentação primitiva (daí os metâmeros que ele embaralha e torna confusos como quer). Partimos, de fato, de simples folhelhos, ou de "somitos", ou de arcos; depois, devido à rotação ou a longos deslocamentos, todos dão origem a órgãos complexos que não conservam nada da disposição primitiva (parcelamento). As clivagens patológicas possibilitarão, muitas vezes, reencontrá-los ou torná-los visíveis.

Surge, aqui, uma objeção imposta pelo mundo moderno das biotecnologias: não facultaram elas a aplicação ao homem, assemelhado a uma planta, de processos de simples enxerto, quando não de brotamento?

Retira-se de outro indivíduo ou até de um cadáver (no caso da pele) um pedaço de osso ou de medula espinhal, implantados em seguida, em um paciente com finalidade substitutiva. Ainda mais: não se conseguiu substituir um coração, um rim, um fígado, um pulmão ou qualquer outro órgão por outro de um doador recém-falecido?

Não só usamos um fragmento corporal proveniente de um doador (o homoenxerto), mas foi necessário recorrer, em certos casos, a heteroenxertos, usando tecidos animais; casos esses estão destinados a aumentar e a se generalizarem.

Ultrapassamos as primeiras tentativas de autoenxerto, fáceis de compreender: o caso da pele ajuda esse entendimento. De fato, todas as células (exceto as nervosas) se renovam constantemente, em especial as da epiderme. Basta criar condições favoráveis para o desenvolvimento: descolaremos, por exemplo, um pedaço (do couro cabeludo previamente depilado) que será "plantado" em uma perna ou um pé que tenha sido esfolado. Liberamos, assim, uma capacidade multiplicadora limitada ou impedida por si própria: trata-se, no caso de pacientes com queimaduras muito extensas, de não deixar a derme exposta, de recobri-la. Mas, nessa circunstância, devemos ver apenas o simples transporte do "mesmo" de uma área para outra. Limitamo-nos a um deslocamento.

Mas o homo e, principalmente, o heteroenxerto ultrapassam muito a operação mencionada acima: com elas, cairia o critério pelo qual especificamos o "corpo humano", capaz de ser costurado ou, até, reconstituído. Mereceria ser considerado como um mosaico, pouco diferente dos seres menos integrados (plantas ou protozoários). Para nós, essa objeção não tem valor, a não ser que se simplifique tudo. Primeiro, por exemplo, em alguns transplantes nos quais inserimos um osso de origem externa em um paciente que não consegue recompor seu esqueleto fraturado, devemos considerar, por um lado, que a operação só favorece uma recomposição, na medida em que dá ao paciente uma armação a partir da qual ele irá refazer o osso; ele acabará, aliás, por dissolver esse corpo estranho (a osteoclasia), dele obtendo os materiais osteogênicos. Portanto, trata-se apenas de um aporte material e, também, de uma guia para o trabalho de reconstituição, e não do uso de uma peça de substituição.

A atuação do cirurgião plástico no organismo deu-se muito menos no sentido de uma substituição do que de uma ajuda. Em outros casos, o transplante só é bem-sucedido porque a técnica médica soube suspender, previamente, a fisiologia da rejeição (mediante poderosa imunossupressão química e, também, pelo uso de um soro antilinfocitário precedendo o enxerto). É, pois, impedida a eliminação, ao mesmo tempo em que o "tecido" inimigo perdeu o essencial de sua individualidade por meio de uma forte exposição a raios X. Em resumo, neutralizam-se os dois "antagonistas" para assegurar o sucesso da inserção de um no outro. Convém procurar, principalmente, um estreito parentesco genético entre o doador e o receptor, o que reduzirá ainda mais a possibilidade de rejeição.

Por fim, propõe-se ao paciente um seu semelhante e ele consegue suportá-lo. O cirurgião não substituiu realmente um coração que não funcionava por outro (a troca padrão): ele obriga, principalmente, o organismo a não mais reagir. O paciente deverá garantir, ainda, a permanência do "intruso", usando ininterruptamente uma medicação, ainda que use dosagens mais fracas. O corpo não perdeu sua unidade, só não pôde exercer suas funções defensivas.

Contestando isto, voltamos a pontos de vista mitológicos, como se pudéssemos substituir, à nossa vontade, tal ou tal aparelho que falha por um equivalente proveniente de um "outro". É verdade que um quadro (de 1460, atribuído a Jaime Huguet) celebra um milagre de São Cosme e São Damião (é este o motivo por que os dois santos foram escolhidos como padroeiros dos cirurgiões): estando a perna de um amigo corroída pela lepra, eles a amputaram e substituíram pela de um etíope que acabava de ser enterrado. Em outro local, um baixo relevo da igreja de Pádua mostra Santo Antônio recolocando o pé de um jovem que se automutilara. Mas não confundamos a lenda ou a iconografia religiosa com a realidade!

Aquele que se opõe a essa observações valer-se-á das "intervenções" mais mecânicas nas quais não se recorre mais a tecidos vivos, mas a próteses de matérias plásticas (silicone, teflon etc.). O cirurgião plástico reconstrutor não hesita em usar dutos feitos de polivinil de formol.

Todavia, esses suplementos artificiais não servem quando se trata de assegurar uma função física – um escoamento, uma válvula, uma colmatagem, um levantamento ou até uma estimulação (o marca-passo). Não generalizaremos, a partir daí: a presença de um dispositivo mecânico no corpo vivo não implica a sua mecanização.

O espectador dessas proezas se engana,[7] fascinado pelo resultado: ele acredita que depositamos, no corpo que desfalece, um pedaço de eternidade, mais resistente e também mais flexível que o natural. Na realidade, não foi tentado esse tipo de troca mística que

---

7   Desde 1910, Alexis Carrel já havia feito um enxerto no gato. Jaboulay, em seguida, enxertou um rim de cabra no braço de uma moça que sofria de uremia. Será preciso esperar até 1950 para que tenha sucesso o primeiro transplante renal no homem (homoenxerto), e, ademais, foi implantado o rim de um irmão gêmeo. Isto prova que o ato – o enxerto – só nos alcança devagar, por etapas!

Quanto ao transplante de medula óssea, teria surgido em 1958, quando pesquisadores de um centro de estudos nucleares iugoslavo foram submetidos acidentalmente a fortes radiações que provocaram uma aplasia (destruição de um centro de formação dos glóbulos sanguíneos). Daí a ideia de substituir a medula afetada dentro dos limites que já citamos (muitas vezes o fragmento transplantado ainda contém linfócitos que irão se opor aos antígenos do receptor).

desqualificaria o corpo humano; encontrou-se, apenas, um meio de realizar uma parte do trabalho correspondente ao do órgão defeituoso (da mesma forma como aparelhamos o deficiente auditivo ou visual). Noutra parte, voltamos a vida contra ela, obrigando-a a aceitar o que ela recusava (o não eu). E, se for assim, o argumento que apresentávamos perdeu seu peso; ele não contesta a fusão, inseparabilidade sem igual que torna original o corpo humano (o todo e suas partes não destacáveis, não a removibilidade).

* * *

Nosso corpo pode se prevalecer de uma unidade que lhe é característica, em profundidade: nenhum animal, ainda que o anuncie, pode atingi-lo nesse nível. Mas a integração não pode significar homogeneidade. Ele precisa de diferenças: ele as chama, na medida em que ele não se reduz à uniformidade. Só se unem os não semelhantes; caso contrário, misturando o mesmo ao mesmo, recaímos na simples soma.

Como o corpo objetivo resolverá essa dialética do todo que recusa os fragmentos e, ao mesmo tempo, os exige? Quais territórios ou quais segmentos são, nele, possíveis?

Bichat, nas suas *Recherches physiologiques sur la vie et la mort* (1800),[8] deu resposta a essa questão: ele nos ensina a fazer uma melhor leitura do corpo no seu movimento de diferenciação, ainda que tome algo de seus predecessores. Ele soube diferenciar regiões ao mesmo tempo distintas e unidas. Sua fisiologia aplicou-se a estabelecer desníveis ou, mais exatamente, a revelar, no corpo do homem morfologicamente original, vários conjuntos encaixados uns nos outros, a vida vegetativa absorvida e sobrepujada pela animal e essa, por sua vez, pela humana propriamente dita. Trata-se menos de um retorno a Aristóteles do que o estabelecimento de referências totalmente novas.

A bem dizer, Bichat joga com duas operações: uma geral, de envolvimento, e outra, mais particular, de "complementaridade", que implica a obrigação de um "desdobramento" prévio.

---

8   **N.T.:** Pesquisas fisiológicas sobre a vida e a morte.

Bichat insistiu nessa divisão constante e necessária que caracteriza a segunda vida (a animal), enquanto a primeira (a vegetal) escapa dessa dualidade. Assim, sabemos como separar, distinguir os dois territórios, embora eles se fechem um no outro.

"Dois globos perfeitamente semelhantes recebem a impressão da luz. O som e os odores também têm seus órgãos, duplos e análogos. Uma membrana única está destinada aos sabores, mas a linha mediatriz ali está manifesta: cada segmento indicado por ela é semelhante ao do lado oposto. A pele nem sempre nos apresenta marcas visíveis desta linha, mas ela é suposta por toda parte. A natureza, esquecendo, por assim dizer, de traçá-la, colocou pontos salientes de espaço em espaço, indicando seu trajeto. As ranhuras da extremidade do nariz, do queixo, do meio dos lábios, o umbigo, a linha mediana do períneo, as saliências das apófises espinhosas das vértebras... constituem principalmente esses pontos indicadores".[9]

Em resumo, quando não vemos a fronteira, convém adivinhá-la e reconhecê-la. Veremos, também, que, onde cada qual acredita tê-la discernido, pode estar enganado.

Quando nos asseguramos do índice discriminativo, ele vai tão longe que, no caso de faltar, não devemos hesitar: ele testemunha que o aparelho assimétrico pertence à vida vegetativa (assim, os nervos simpáticos, os da vida dita autônoma que, não conhecendo a distribuição regular, formam plexos tais como o solar ou o mesentérico).

Ainda que certos elementos (os blocos do fígado, os dois rins) se situem frente a frente, de um lado e de outro de uma linha mediana, eles não entram no grupo dos verdadeiros "bipolares". Da mesma forma o aparelho respiratório poderia causar algumas dúvidas, com seus dois pulmões iguais, mas Bichat não o admite: "Se observarmos que o ramo direito é diferente do esquerdo, por seu comprimento, seu diâmetro e sua direção, que três lobos compõem um dos pulmões enquanto só há dois no outro, que há uma desigualdade clara de volume entre eles, que as duas divisões da artéria pulmonar não se parecem nem pelo trajeto, nem pelo

---

9   *Recherches physiologiques sur la vie et la mort.* 3. ed. 1805. p. 9.

diâmetro, que o mediastino no qual recai a linha mediana se desvia sensivelmente para a esquerda, veremos que a simetria é, tão somente, aparente".[10]

Uma certa globalidade caracteriza o primitivo indiferenciado, no sentido de que seus órgãos não atingem a equalização nem a germinação; eles são capazes de apresentar numerosas variedades/variações conformativas (eles mudam impunemente de posição, de tamanho e, até, de forma).

Resulta que, nessas situações de pseudodualidade, se um dos dois se altera, o elemento do lado oposto se ressentirá e participará diretamente do distúrbio, enquanto na vida animal se observa uma clivagem nítida: a hemiplegia direita, por exemplo, não compromete a vida do lado esquerdo e reciprocamente. Escreve Bichat, então: "O homem, de um lado, não passa de um vegetal enquanto o outro lado conserva todos os seus direitos à animalidade, pelo sentimento e movimento que lhe restam. Com certeza, essas paralisias parciais... não devem ser observadas com tanta regularidade nos animais que apresentam, como a ostra, um exterior irregular".[11] A animalidade se distingue por sua simetria, tanto e tão bem que as duas metades, embora independentes, mas iguais, concorrem para a harmonia unitária do resultado (os dois olhos, as duas orelhas).

Decodificação mórfica ou leitura difícil! Mas, se a estrutura anatômica não permite a diferenciação, a fisiologia ou a patologia irão dirimir a dúvida porque uma e outra acentuam as linhas. E Bichat sublinha os grandes desvios funcionais entre os dois subconjuntos da arquitetura corporal: assim, a vida animal não escapa à intermitência (o sono, obrigatório para ela, assim como todo músculo ativado não pode deixar de ter um período de relaxamento antes de se contrair de novo; aí se instala uma ritmicidade) ao passo que o vegetal desconhece a interrupção.

---

10   Idem, p. 11.
11   *Recherches physiologiques sur la vie et la mort*. 3. ed. 1805. p. 11 (Irregularidades das formas externas na vida orgânica).

Essas duas províncias não nascem e não morrem juntas, como se o homem fosse efetivamente dividido em dois, em que pese o envolvimento que já lembramos. Como diz Bichat, tão acertadamente, nós morremos aos poucos, em detalhes: a falência atinge, primeiro, a "vida externa"; os sentidos se fecham uns após os outros (ouvimos ou vemos menos), a memória se perde, as ideias fogem, os movimentos tornam-se mais lentos, e, no entanto, tudo o que diz respeito ao interior se prolonga, não é subtraído.

Por que uma desigualdade tão nítida? Bichat atribui esse desgaste ao uso: "Tudo é usado, nesta vida sob influência social: a visão, pelas luzes, a audição, pelos sons repetidos em demasia e, principalmente, pela palavra que faz falta nos animais, cujas comunicações pelo ouvido são menos numerosas, o olfato, pelos maus cheiros... todo o sistema nervoso, por mil lesões que a sociedade causa, sozinha, ou que ela multiplica".[12]

E o que denominamos hora da morte marca, ainda, a desigualdade entre os dois territórios, pois a interrupção de um deles (subitamente) não impede a continuação lenta do outro (os cabelos ou as unhas ainda crescem). Em resumo, observamos a assincronia facultada pela divisão.

A psicologia irá se inspirar nisto: Bichat mostra que o hábito acomete um dos dois subconjuntos (ele embota o sentimento, entre outros efeitos), enquanto o outro – o vegetativo – escapa inteiramente da sua influência (nós respiramos, digerimos, excretamos do mesmo modo). Nosso corpo vive, portanto, uma espécie de separação objetiva.

Todavia, entre essas duas províncias, convém perceber e distinguir numerosas formas de relação que as ligam e garantem a união: o interno e o externo que lhe serve de envoltório não poderiam se afastar um do outro; o animal contém o vegetal e até o valoriza, enquanto esse último lhe fornece, pelo menos, energia e apoio.

Mais do que simples uniões ou ligações, notamos a existência de movimentos cuja origem, contrariando a dicotomia da base,

---

12   Idem, p. 158 (§ A vida animal termina primeiro na morte natural).

se situa nas vísceras e depende diretamente, portanto, do interior: assim, uma digestão difícil pode influenciar o cérebro, que, por sua vez, provoca uma agitação excessiva durante o sono. "É o estômago que, em uma ação viva, age sobre o cérebro, que ativa os músculos locomotores".[13]

Correlativamente, quando uma das duas vidas mobiliza o organismo a seu favor, ela atenua a outra, como se houvesse um fenômeno de balanço, quando não uma lei que rege a corporalidade: quando a digestão se identifica, provoca uma fadiga, ou, até, um enfraquecimento sensorial (um relativo adormecimento).

A seu modo, a morte também comprova a estreita solidariedade entre as partes, embora Bichat as tenha dissociado; é verdade que ele definiu vários tipos de extinção, pelo menos duas, a súbita e a lenta. E, no que toca ao primeiro modo, dele pode resultar ter sido atingida a vida interna (uma ruptura de aneurisma). A vida animal é, então, suspensa imediatamente; não poderíamos viver no externo quando não se pode mais fazê-lo no interno.

Melhor ainda: Bichat pretende separar três centros maiores: o cérebro, o coração e o pulmão, esse último atuando principalmente como mediador entre os dois primeiros. Nos animais de sangue frio, a interdependência não funciona; separaremos com facilidade um do outro, o cérebro e a circulação. Mas o homem não os separa, evidentemente. Prova estranha da inseparabilidade: os indivíduos com pescoço longo, cujo cérebro e coração estão mais distantes entre si que o usual, teriam deficiência de energia; melhor seria "um pescoço curto", segundo Bichat.

Tudo nos prova, portanto, a indissociabilidade dos blocos já identificados: o *status* do terceiro (o humano propriamente dito) não desmentirá o *status* dos dois primeiros – ainda que obedeçam a funcionamentos opostos. Não devemos esconder, tampouco, os numerosos sinais de assimetria: a parada cerebral não se reflete diretamente no movimento cardíaco, enquanto, no caso oposto, a parada do coração compromete o cérebro. Em resumo, após ter destacado a

---

13   *Recherches physiologiques sur la vie et la mort.* 3. ed. 1805. p. 124.

importância do "todo", Bichat se apressa em retornar aos diferentes territórios, assim como às distinções, como exige a teoria do "conjunto" e de suas partes, já que somos unidos e divisíveis.

Quanto ao pulmão, como sabemos, ele assegura melhor as trocas, pois participa dos dois polos. Argumento decisivo: se alguns homens puderam, porventura, suspender voluntariamente os batimentos de seus corações, isto não prova, como alegam os discípulos de Stahl, a influência da alma na vida orgânica, mas apenas nos fenômenos mecânicos da respiração que, nesse caso tiveram que ser... interrompidos antes".[14]

Por fim, Bichat iria estudar também o último estrato que o homem, por sua vez, acrescenta à animalidade, que ele amplia e até transforma: "Nós vivemos organicamente de uma forma tão perfeita, tão regular na infância como na idade adulta. Mas comparem a vida animal do recém-nascido à do homem de trinta anos, e irão ver a diferença".[15]

Nós nos preocupamos, porém, menos com Bichat do que com sua forma de entender o corpo humano e os encadeamentos territoriais que ele descobre através de uma abordagem estritamente "configuracional": a fisiologia assim como a patologia vem sublinhar, apenas, as indicações quase topográficas. E, se não acompanhamos Bichat nos seus resultados, não podemos deixar de louvar esse método – o exame do corpo objetivo visto externamente (sua aparência). Ele não o inventou, pois o método remonta a Aristóteles, quando não a Platão, e teve seu verdadeiro crescimento na Idade Média. Mas Bichat o renovou.

A velha cisão entre o vegetativo e o sensório-motor, à qual o biólogo contemporâneo não renunciou, foi amplamente orquestrada e comentada. Buffon, por exemplo, sistematizou melhor essa cisão notadamente em seu *Discours sur la nature des animaux*,[16] assim como em *De la nature de l'homme*.[17]

---

14   Idem, p. 346-347.
15   Idem, p. 52.
16   **N.T.:** Discurso sobre a natureza dos animais.
17   **N.T.:** Da natureza do homem.

Encontramos nele tudo o que já lemos em Bichat, excetuadas apenas algumas nuances ou divergências importantes. Ele também pretende dividir o animal "pela suas grandes massas", e propõe, abertamente, decompor sem afetar a unidade (a dialética do todo e das suas partes identificadas).

Ele (Buffon) distingue, principalmente, duas formas fundamentais de ser, "duas partes, em que a primeira age perpetuamente, sem qualquer interrupção, e a segunda age somente com intervalos. A ação do coração e dos pulmões do animal que respira, a ação do coração no feto parecem integrar essa primeira parte da economia animal; a ação dos sentidos e o movimento do corpo e dos membros parecem constituir a segunda".[18] O parentesco salta, aqui, aos olhos: mesmo princípio, mesmas consequências!

Buffon também admite, assim como Bichat o fará mais tarde, que uma das vidas (a animal) envolve a outra (a vegetativa): "É através desse envoltório que os animais diferem entre si; a parte interna, que constitui o fundamento da economia animal, é comum a todos, sem qualquer exceção; ela é aproximadamente a mesma, no que toca à forma, no homem e nos animais, que possuem carne e sangue; mas o envoltório externo difere muito e é nas extremidades que se encontram as maiores diferenças".[19]

Aí, nenhuma divergência entre os dois biólogos: Buffon não leva em conta o par "direito-esquerda", mas, como mostraremos, o eixo "alto-baixo", mais desenvolvido no homem do que nos animais mais próximos dele. "Dividimos o corpo, primeiro, em três partes principais, escreve Buffon: o tronco, a cabeça e os membros; a cabeça e os membros, que são as extremidades do corpo, são o que mais diferencia o homem do animal.

Em seguida, considerando as extremidades de cada parte principal, notamos que a maior diferença, no tronco, se encontra nas extremidades superior e inferior do mesmo, visto que, no cor-

---

18   Discours sur la nature des animaux. In: *Œuvres choisies* (pelo conde de Lacépède). t. V, p. 539.

19   Idem, p. 540.

po humano, encontram-se clavículas, no alto, ausentes na maioria dos animais. Encontramos igualmente, na extremidade inferior do corpo, algumas vértebras externas que formam a cauda dos animais, e essas vértebras externas não se encontram na parte inferior do corpo humano. Da mesma forma, a extremidade inferior da cabeça, as mandíbulas, e a extremidade superior, os ossos da fronte, diferem prodigiosamente no homem e no animal...”[20]

Por fim, Buffon radicaliza a leitura exteriorista ou quase anatômica: a citação ajuda a concebê-lo. A periferia, sozinha, exibe as oposições, mas, *grosso modo*, o animal mais evoluído (o macaco, o orangotango) sempre carrega mais a parte baixa e, o homem, a parte alta.

Apraz-nos, sobretudo, pensar, junto com Buffon, que “o corpo” se singulariza pela sua aparência, só pela sua morfologia, e, principalmente, que o externo guarda a verdadeira originalidade (“quanto mais nos afastamos do centro [o coração] maiores se tornam as diferenças”!). Não vamos buscar nas profundezas das vísceras ou além das aparências – ou até atrás do espelho – o segredo ou a inteligência do corpo: exibe-se ela em seu próprio arcabouço.

Daí a ideia de Buffon que o homem se separa dos seus mais próximos (os primatas) pelo que se acha mais afastado do centro, o exterior do externo, sua mão: o número, a variedade e a mobilidade dos itens de uns, comparados aos outros (os dedos), bastam para assegurar sua incomparável eminência.

“Calculando a área superficial das mãos e dos cinco dedos, notamos que ela é proporcionalmente maior do que em qualquer outra parte do corpo, porque nenhuma outra é tão ramificada... Os dedos podem ser esticados, contraídos, dobrados, separados, juntados e ajustados a toda espécie de superfícies...”[21] Buffon poetiza e chega a imaginar que, se essa mão “tivesse maior quantidade de partes, se ela se dividisse em vinte dedos, por exemplo, e se esses dedos tivessem mais articulações e movimentos, não há dúvida

---

20   Idem, p. 541.
21   *De la nature de l'homme*. t. V, p. 191.

de que o sentimento do tato seria infinitamente mais preciso com tal configuração...".[22] Condillac contestará os pontos de vista dessa hipótese (é verdade que esse é outro problema): qual ideia ela (a estátua) teria se o número das partes (da mão) fosse infinito? Ela colocaria a mão sobre uma infinidade de pequenas superfícies. Mas qual seria o resultado? Uma sensação tão complicada que ela não conseguiria deslindar.[23]

Outro contraste perceptível diretamente enaltece ainda o corpo do homem: o animal parece ser atraído para baixo, ele é pesado e só faz movimentos inteiros; está preso na sua não decomposição (o holocinetismo), enquanto o homem, evidentemente, se pôs de pé e desenvolveu a sutileza, assim como a multiplicidade de manipulações finas. O animal se manteve, de fato, preso à sensorialidade, mais ligado ao apetite (o olfato e o gosto); inversamente, o homem se faz notar pela predominância da audição e da visão. Esses aparelhos sensíveis nos voltam, aliás, para o mundo exterior, para a maior distância (tudo é julgado em função do "externo"). Graças a eles, nosso corpo se amplia, de certa forma, e transborda dos seus limites.

A arquitetura somática, as únicas estruturas visíveis, permite o entendimento dos seres mais evoluídos. O próprio corpo nos dá a conhecer seus méritos, suas capacidades, seus feitos.

* * *

Se é fácil contestar essas repartições orgânicas, ainda que sejam muitas vezes sugestivas, devemos preferi-las às análises que só consideram a "globalidade" e recusam esse tipo de decodificação.

Assim, não aderimos ao que nos ensina tanto *La phénoménologie de la perception*,[24] de Merleau-Ponty, quanto *La structure du comportement*,[25] que se aventuraram no caminho do holismo.

Será que o filósofo da corporalidade despiu-se suficientemente do ego – a herança de Sartre –, o de uma consciência que,

---

22   Idem, t. V, p. 191.
23   Condillac. Traité des sensations. In: *Œuvres choisies*. t. III, p. 255-256.
24   A fenomenologia da percepção.
25   **N.T.:** A estrutura do comportamento.

por ter-se tornado inseparável do seu corpo (a análise existencial), não deixa de inspirá-lo e continua, sem dúvida, a comandá-lo?

Nessas condições, as estruturas contam pouco; elas estão submersas no "conjunto" e são capazes de uma maleabilidade extrema. Eis uma ilustração, colhida entre outras: Merleau-Ponty faz referência à visão dos que sofrem de hemianopsia (perda da metade do campo sensorial em consequência de lesões retinianas). É evidente que o paciente afetado por esse distúrbio procurará compensá-lo (a vicariância): o organismo reage a toda deficiência, na medida da possibilidade de funcionamento dos circuitos que a limitam. Mas não deixaremos notar que a suplência, comparada com o ato impedido, se reconhece pelo aspecto rudimentar, aproximado e desajeitado.

Assim, não chegaremos a sustentar – salvo a apelar para uma espécie de mística da totalidade que se restabelece, a tal ponto esse todo comanda as partes e as absorve! – redistribuições (histológicas) tais que possam anular a semicegueira (uma permutação de elementos celulares sadios que, basculando, passariam da periferia para o centro). Merleau-Ponty chega até a afirmar, apoiando-se, é verdade, nas observações de Fuchs, que essa nova reorganização ultrapassa a antiga: "A antiga fóvea,[26] relegada à periferia, perdeu seu privilégio da visão clara e foi substituída por uma 'pseudofóvea' no centro da zona agora estimulável. As medidas de Fuchs mostram que a acuidade visual da pseudofóvea é superior em 1/6, 1/4, ou até 1/2 à da fóvea anatômica. Os estímulos luminosos que ela recebe são situados "em frente" pelo sujeito. Todas as cores, enfim, são percebidas pela nova fóvea, ainda que esteja situada na região da retina que é cega, no sujeito normal, ao verde e ao vermelho".[27]

Não estaríamos desacreditando aqui as estruturas orgânicas? Não estaríamos indo longe demais? Será que o oftalmologista confirmaria essas conclusões assaz estranhas? Em resumo, a plasticidade corporal autorizaria tais restaurações? Por se tratar de uma questão importante, ousaremos colocar os pingos nos is.

---

26 **N.T.:** Fóvea – pequena depressão da retina, no centro da mácula lútea, onde se forma a imagem mais nítida.

27 *La structure du comportement*, p. 42.

a) Inicialmente, distinguimos numerosas variedades de hemianopsia (sem considerar as histeriformes às quais voltaremos mais tarde) que não se equivalem totalmente (a lateral homônima, a altitudinal que atinge a metade superior ou a inferior do campo, a binasal atinente ao semicampo [nasal] de cada um dos olhos etc.), conforme figuras 1, 2, 3 e 4 das páginas 85 e 86.

b) As causas dessa perda podem ser diversas: algumas relevam de uma simples lesão nas bordas externas (uma inflamação que poderá regredir) do nervo ótico. Mal devemos considerá-las como verdadeiras hemianopsias.

Além disso, se em sua maior parte elas não alteram inicialmente a acuidade visual, como nota Merleau-Ponty, elas não deixam de atingi-la depois, à medida que progride a lesão subjacente (compressiva).

Antes de exaltar nosso corpo como capaz de se regenerar funcionalmente e de ultrapassar seus limites anatômicos (a poética de um corpo vivido que submerge o objetivo), é preciso indagar qual é a falta de que sofre e se poderá suprir o déficit por muito tempo. Um exame apressado (só pensamos, então, no início) ou excessivamente pontual falseia a resposta.

c) Na maioria dos casos, a síndrome quiasmática[28] deve-se a uma expansão tumoral ou, então, convém ligá-la a um distúrbio circulatório (mas, nessa última ocorrência, poderá se anular parcialmente pela ação de numerosas anastomoses; ora, concebemos sem dificuldade que, no tocante a uma irrigação reticulada, as suplências entram em jogo).

Deixemos aí todo o contexto biomédico, mas não nos parece que ele permita um corpo dotado de tão surpreendente maleabilidade. O "aquilo que sinto" e o "aquilo que executo" (a gnose e a praxia) supõem, ambas, *grosso modo*, a integralidade de um substrato (não volatilizável). Negligenciando em demasia, voltamos ao dualismo, ainda que abafado; minimizamos uma unidade que solidariza a estrutura e a função.

---

28   **N.T.:** Quiasmático – referente ao entrecruzamento dos nervos.

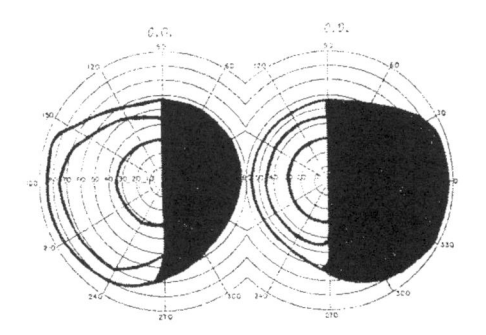

Figura 1 – *Hemianopsia lateral homônima*

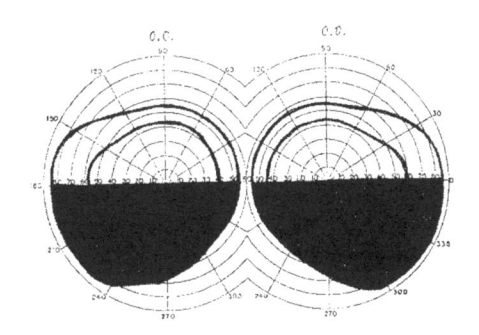

Figura 2 – *Hemianopsia altitudinal inferior*

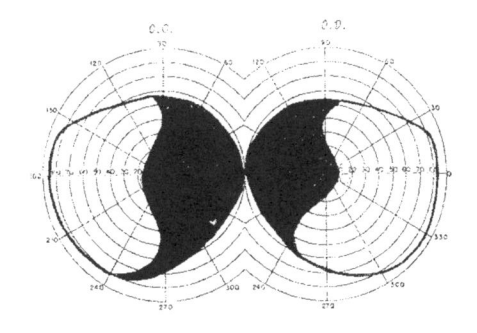

Figura 3 – *Hemianopsia binasal*

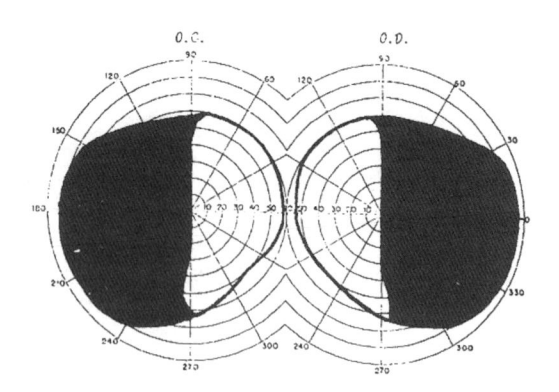

Figura 4 – *Hemianopsia bitemporal completa*

A esse respeito não nos atemos apenas à ligação, mas pensamos que é preciso admitir, também, "multissubstratos" disseminados e funções com vários componentes, o que complica frequentemente a união entre elas.

De passagem, Merleau-Ponty nos ajuda, entretanto, a dotar o corpo com uma verdadeira exuberância organológica e, portanto, com uma autêntica latitude psicológica. De fato, a ablação de um fragmento (rim, ovário, tireoide, pulmão) não desequilibra verdadeiramente o funcionamento vital. Suprimimos dois terços de um rim sem alterar a composição do que é excretado; essa exerese provoca, apenas, a hipertrofia do outro. Três quartos de um fígado podem ser retirados sem causar insuficiência. E o cirurgião não foge de praticar grandes recessões, quando necessárias.

Não negamos, pois, uma espécie de riqueza tissular nem a possibilidade consecutiva de um corpo preencher os vazios, as lacunas, mas não tiraremos proveito disto para reduzir excessivamente o peso da base material que não se sujeita a todos os reajustamentos. E o corpo impõe, por conseguinte, num caso ou outro, suas exigências, seu próprio peso.

Não compartilhamos, tampouco, a recusa de Merleau-Ponty de "dialetizar" o corpo: ele não admite, na neuroreflexologia, o "poder do não", ou seja, a inibição.

O sistema nervoso, ao qual voltaremos depois, nos parece ser o aparelho da integração: ele começa opondo-se ao desencadeamento ou à precipitação inicial, mas, em seguida, retoma e valoriza, sutiliza a resposta; propõe-nos, então, uma resposta mais fina (o idiocinetismo).

Ora, o filósofo recorre a argumentos pouco válidos, sem peso, a nossos olhos: aquilo que é impedido não se ergue, é evidente, e não aparece. O que nos permite reconhecer a ausência? Sobre quais sinais? Eles faltam, por definição. Quando o neurologista faz apelo a uma inibição que, de certo modo, suprime a própria inibição, ele vê nisto a prova de um palavreado vão. Prefere pensar de forma mais simples, excluindo as construções arbitrárias.

Todavia, o corpo humano não cessou de se autoestruturar: ele foi como que inteiramente negado e, depois, reapropriado consequentemente em um nível mais alto, pela cerebralidade (sob a dupla perspectiva do sentir e do agir).

Damos e daremos em seguida toda a importância dessa assunção: afinal de contas, de imediato, devemos prever a existência, no próprio corpo, de dois corpos distintos.

Por um lado, não podemos negar o corpo volumar tal como o vemos por fora, tal como o conhecemos com suas grandes partes – um tronco com pés, mãos etc. Por outro lado, acrescentemos o operacional: assim, tendo os olhos fechados, com o desconhecimento total do primeiro (corpo), consigo localizar-me e orientar-me (podemos quase falar, aqui, do esquema corporal, ainda que simplificando os dados neurológicos).

Ora, esses dois corpos podem deixar de coincidir e, daí, uma patologia fundada exatamente na dissociação, já que vivemos com, ou em, dois corpos, o objetivo e aquele que ressentimos e acionamos (vamos nos limitar provisoriamente à somatognose e deixar de lado o que diz respeito à psicomotricidade).

Essa dualidade, que esclarece a neuropatologia, irá deixar confusos os unitaristas.

a) Suponhamos, de fato, que o segundo corpo (o somatossensível) seja alterado (e até mesmo a região parietal, pois o centro se encontra próximo do lobo parietal), enquanto o primeiro não é sujeito à afecção cerebral: nós não nos percebemos mais (a despersonalização).

Se apenas o parietal direito deixar de funcionar ou funcionar mal, o paciente, em consequência do cruzamento, irá ignorar tudo do seu lado esquerdo; ele só lavará ou barbeará, por exemplo, a metade do seu rosto.

Que estranho! Um sujeito se comporta como um amputado, o que ele não é (donde um indivíduo transformado em semicorpo – a hemiassomatognosia).

Às vezes, o déficit é mais pontual: um dos menores – a autoagnosia – afeta, apenas, o local ou, até, a denominação das regiões do seu próprio corpo (curiosamente, o doente os reconhece em outra pessoa).

Mas, a maioria das vezes, o sujeito sustenta que seu braço, ou sua perna (a esquerda, por exemplo), que ele vê em si próprio, ligada a ele, não lhe pertence e que seu vizinho deve ter-se deitado na sua cama. Às vezes, ocorre um caso mais raro: ele vê vários braços ou pernas: ainda que presas a ele, acha que não lhe pertencem.

b) O caso inverso, conhecido desde Ambroise Paré e comentado por Descartes, não surpreende menos: agora é o primeiro (o próprio corpo volumar) modificado ou amputado (o paciente perdeu efetivamente uma perna), mas ignora o fato e se acha inteiro. Ele se atribui "um membro, que indicamos como fantasma", e imagina possuir ainda aquilo de que foi privado. Embora simplifiquemos essa patologia, ela não deixa de se embasar nessa discordância. Nossos dois corpos se separam.

Para bem entendermos esta célebre ilusão, forçada pela "assomatognosia", é forçoso apelar para a existência dos dois corpos – o objetivo e aquele que "sentimos ou percebemos".

Essa dualidade recobre e confirma aquela que já apresentamos, de um corpo em extensão e daquele que foi retomado ou anexado pelo cérebro.

A filosofia, sabedora dessa situação (um desdobramento que, aliás, não é realmente um, pois um os componentes assume ou interioriza o outro), poderá evitar duas armadilhas: a) se privilegia ou concede excessiva autonomia às partes, ela rompe a unidade essencial entre elas, desviando-se por um caminho errado. b) Mas, se ela só considera o todo, confunde logo o corpo com uma massa indiferenciada. Como sair desse impasse, proveniente do todo e de suas partes que parecem incompatíveis? Como separar e unir, ao mesmo tempo? O corpo duplo, acreditamos, nos salva da dificuldade: as partes existem realmente (mãos, pernas, tórax, tronco) mas elas são ou foram reapropriadas por um cérebro que, ao mesmo tempo, as reconhece (a somatognosia) e as aciona (a autopraxia). É, pois, o córtex que assegura tanto a reunião quanto o verdadeiro uso de uns e dos outros.

* * *

Percebemos vários corpos no corpo, no sentido que certos territórios secessionistas ou certas funções ligadas a eles parecem se isolar; assim, opomos ao soma individual (e, até, mortal), uma região totalmente à parte, o germe, consagrado à espécie e tido como imortal. Separamos essas duas entidades uma da outra.

Podemos evidenciar o erro contido nessa pretensa cisão, ainda que permaneça sempre possível discernir diferenças notáveis no interior da unidade.

O biólogo arrisca-se a descer com velocidade demasiada o declive que vai rumo à fragmentação: exemplificando, ele não deixa, é verdade, de dar vantagem, na escala celular, ao "núcleo", espécie de cofre-forte que conserva a identidade ou a memória do indivíduo (e, no interior desse núcleo, ele isola, ainda, o suporte da informação, as moléculas programáticas do DNA), e de relativizar ou minimizar o "citoplasma", ou seja, aquilo que só envolveria e protegeria.

O dogma assim exige, mas por que dobrar-se? Por que não cair em certas observações heréticas? A dialética do todo e das partes (ou a de um multicorpo no mesmo corpo) que se prolongam até o infinitamente pequeno (a célula) nos leva a isto.

Damos, pois, nossa concordância àquilo que é, muitas vezes, velado ou até negado: a hereditariedade genética materna.

Lembremos dois casos elementares, duas experiências que abalam a teoria:

a) Certas plantas de cores diversas ou com penachos lançam, a partir do mesmo e único pé, muitos ramos e folhas verdes, brancas, ou misturando as duas cores. Por que essa heterocromia? Os núcleos da base são iguais. Mas, se conseguirmos isolar as sementes das frutas que nascem nesses galhos diferentes, elas darão origem a brotos com as cores únicas do início (verde ou branco). A diferenciação não depende, portanto, do meio ou do ambiente; ela se transmite. Concluímos que o citoplasma pôde intervir e, a seu modo, modificar a "mensagem nuclear"; esta é, pelos menos, uma interpretação.

b) Outra manipulação mais perturbadora e decisiva quis que pudéssemos substituir o núcleo A de um ovo de ouriço-do-mar por outro, proveniente de outro embrião. Ora, o indivíduo que nasce desse audacioso enxerto exibe traços que correspondem à célula original: eles se somam aos traços trazidos pelo núcleo estranho. Não será essa a prova de uma participação citoplasmática evidente que vai de encontro à transmissão segundo as leis de Mendel? Se assim for, recusaremos as clivagens excessivas.

Mas o segundo corpo essencial (o cerebral), que já foi tratado, e cuja importância ninguém pode negar, principalmente no homem, não se decalca no primeiro corpo; ele o anexa, menos do que o reconstrói.

Segue-se uma sutil reviravolta: as partes, no homem, só podem funcionar, isolando-se aparentemente, se o todo integrador e remanejador não estiver alterado. Os segmentos (ou as partes) se assemelham, então, a uma "forma" inseparável do "fundo" sobre o qual elas se destacam (do ponto de vista ótico).

Mas essas modificações locais poderão servir de "sintoma" para situar e tornar preciso o alcance cerebral. Esse tema nos é caro: recolhemos, na superfície, informações que nos revelarão o estado na profundidade.

Que belo paradoxo esse das partes que só podem existir se o todo permiti-lo! É o que nega essas partes que lhes dá sentido! No animal, as reações segmentares tendem mais a dispersar e a se generalizar. Estudemos, então, no segundo corpo indubitável, aquilo que havíamos deixado à margem: a praxia ou a psicomotricidade, não deixando de notar, porém, que não podemos realizar uma boa disjunção entre a patologia somatossensitiva (a gnose) e a da praxia; de fato, como poderá se comportar aquele que não sabe mais identificar seus músculos e suas articulações? Em consequência (a apraxia), o paciente deixa de executar, ou executa tão mal determinado ato, embora ainda pudesse, é verdade, realizar gestos cegos, familiares ou elementares.

O neurocirurgião Penfield foi certamente quem melhor nos esclareceu a respeito do córtex motor cerebral (a região eferente). Dele dependem todos os nossos atos, voluntários, ou não.

No decorrer de intervenções realizadas em doentes anestesiados localmente (só a caixa craniana, pois o cérebro é insensível ao toque ou à dor, pois há "operados" que ficam conscientes e não sofrem), que autorizaram esse tipo de exploração inofensiva, ele estimulou fracamente à vontade e sistematicamente "a região pré-rolândica" que controla esta motricidade.

Lembremos que uma fenda profunda – o sulco de Rolando – divide cada hemisfério em duas metades: essa fissura se destaca, por sua vez, do vale silviano e permite a separação entre o lobo frontal (cujo nome se deve à relação topográfica com a fronte) e o parietal (do grego *paries*, o muro, que, no alto, nos protege). Ora, os dois bordos desse sulco têm papéis de primeiro plano.

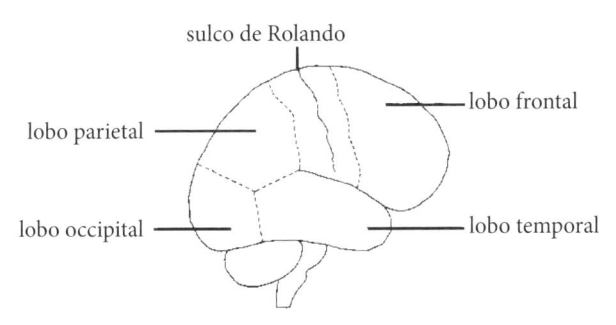

Figura 5 – *As áreas corticais*

Se estimularmos a parte posterior (a retrorrolândica ou o centro somatossensitivo) que recebe as mensagens vindas de nossos músculos e de nossas articulações, o paciente de Penfield sente leves picadas, conforme a área estimulada. Foi possível, então, elaborar o mapa dessa zona aferente: a área correspondente, neste local sinóptico, a determinada parte do corpo não tem relação nem com a extensão nem com o volume do órgão. Para nosso homúnculo, a língua tem peso muito maior que o dorso da mão, e a mão em relação ao antebraço. O intra-abdominal, tudo o que diz respeito à bacia, aos quadris e às pernas, perde, em termos de superfície (no mapa), para a face, os lábios e os dedos. "A imagem do nosso corpo", como já insinuamos, está longe de repetir sua economia ou sua morfologia. Ela nos propõe uma projeção totalmente original.

No que toca ao motor (o pré-rolândico), convém traçar, do mesmo modo, um novo mapa (conferir figura 6): a estimulação de certos grupos celulares provoca a contração de determinada parte (da mão, por exemplo) ou, até mesmo, um grito. Desloquemos minimamente o eletrodo, e outros movimentos ocorrerão, movimentos esses que o paciente, embora acordado e consciente, não pode suspender. O experimentador executa, no lugar do paciente, "deslocamentos voluntários".

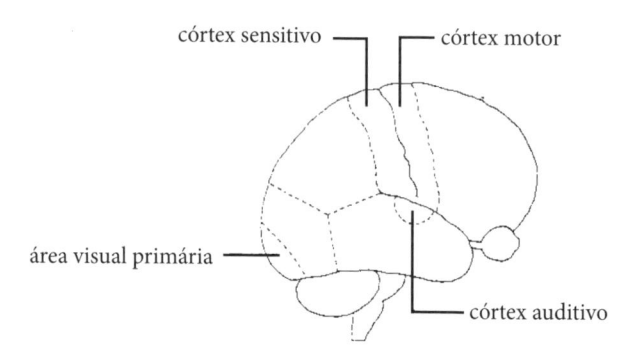

Figura 6 – *Córtex sensitivo e córtex motor*
(de um lado e de outro do sulco de Rolando)

Desde 1870, o fisiologista Hitzig já havia trabalhado sobre o animal: a fraca estimulação nessa região pré-rolândica desencadeava, então, a contração da pata situada do lado oposto ao da estimulação; de fato o animal encetou, assim, os primeiros passos rumo à encefalização.

Conservemos principalmente nossa conclusão: a de um segundo corpo que se desdobra por si mesmo. O mapa do autossentir e o do agir, obviamente próximos um do outro, não reeditam o primeiro corpo; ele se construiu segundo a importância vital e as possibilidades operacionais (e é por isso que o polegar terá maior área, tanto em um mapa quanto no outro; daí um homúnculo que mais parece um "gnomo").

Além disso, deixamos de lado a assimetria "direita/esquerda" – daí os afastamentos entre os dois hemisférios –, o que complica ainda mais esse esquema representativo.

Se a levarmos em conta, podemos assistir (novamente) a estranhas segmentações psicopatológicas, a ponto da neuropatologia chegar a parecer quase fantasmagórica.

Robert Sperry comentou um distúrbio particularmente notável: a ligação entre as duas metades do encéfalo foi rompida (em casos extremamente raros, pratica-se, nos epilépticos, o corte do corpo caloso que une os dois hemisférios para impedir a extensão da tempestade comicial), resultando um cérebro dividido. Sabemos que o hemisfério esquerdo, no indivíduo destro, contém o centro da fala; ele está ligado à metade direita do campo visual. O experimentador impede, então, a visão do lado direito, usando uma venda, e deixa funcionar o olho esquerdo. Suponhamos que ele mostre um objeto qualquer, talvez familiar, ao paciente assim preparado e peça para identificá-lo. Ele o descreverá corretamente, mas será incapaz de dizer-lhe o nome (por causa da interrupção de dois circuitos, a ligação olho direito-cérebro esquerdo, bem como a relação entre os dois hemisférios).

Se, no lugar de apenas ver, deixarmos o paciente tocar e, até, manipular o objeto, tudo muda, bruscamente: o somatossensitivo não será mais impedido (a identificação muscular, um caminho direto, não visual, uma espécie de curto-circuito) e o paciente logo saberá designá-lo. Ele reconhecerá o objeto melhor. Assinalamos esta estranheza, na medida em que ela nos ajuda a entender as complicações causadas pelo cruzamento de determinadas vias e, sobretudo, pelo fato da duplicação corporal (não homotética) na cerebralidade. E que labirinto! Encontramos o somatossensitivo, o motor pré-rolândico, o direito e o esquerdo, assim como o cruzamento dos percursos, ascendentes e descendentes!

Não vamos acreditar que esse segundo corpo assuma apenas "a praxognosia". Não há nada do primeiro que ele não retome – a digestão, a deglutição, a respiração, a circulação, a reprodução. Ele absorve a totalidade do vegetativo.

A sexualidade, que trataremos a seguir, sob outro ângulo, não lhe escapa: ela releva mais dele que dos órgãos reprodutores e de suas diversas secreções hormonais. Nos animais – pelo contrário, a situação é oposta, quase uma imagem espelhada – a função reprodutiva possui uma real independência: primeiro, ela atua de forma infalível e, apenas, em certos períodos; depende tão somente das mudanças ou das cargas endócrinas. Na medida em que o homem cerebralizou essa função, ele a liberou dos seus entraves: essa conduta, doravante ininterrupta e complexa, se emancipa daquilo que a determinava (assim, ela se prolonga bem além da andro ou da menopausa!).

O comportamento alimentar também não constitui exceção: a fome, assim como a saciedade, se submete às forças caudinas,[29] dos centros superiores (nesse caso, o hipotálamo). O próprio peso do nosso corpo exprime menos um regime, ainda que fosse de emagrecimento, que a regulação encefálica.

Não entremos na análise de todos esses mecanismos de equilíbrio; eles ocultariam ou velariam nossas conclusões. Detenhamo-nos aqui: acreditamos ter mostrado a existência de vários corpos no próprio corpo e, também, que um deles (o cerebral) controla todos os demais.

---

29   Nota do Revisor: Desfiladeiro por onde passaram os romanos obrigados a se renderem aos Samitas.

* * *

Não acompanhamos Merleau-Ponty por julgá-lo "unitarista" e também insuficientemente preocupado com as estruturas organizacionais, sempre preso, sem dúvida, ao "eu pré-reflexivo". O corpo objetivo, ainda que não ignoremos seus limites (ele é apenas o corpo visto, e visto pelo olhar de outrem, mantido a distância, relegado a uma pura exterioridade que o nega), não merece nem a negação nem o descrédito.

Não demos excessivo realce aos pontos de vista dos antigos morfologistas, como Bichat, por serem muitas vezes arbitrários, mas deles adotamos a metodologia (ler o corpo já em seu único aparecer).

Os trabalhos de Bolk, nesta mesma ótica, nos parecem mais conformes à observação e aos dados da psicopatologia. O que nos ensina sua antropologia francamente física (o puro exame somático)?

Mais do que outros, Bolk opõe o homem ao animal. Ele não vê o homem como um descendente dos primatas mais evoluídos, mas aquele que rompeu com esses animais – não é um prolongamento do símio que aperfeiçoou a linhagem, mas aquele que dela se destacou,[30] tornando-se assim (pela fetalização da forma) aquele cujo ser não é mais determinante. Inversamente, o animal desenvolve rapidamente suas potencialidades latentes; de certa forma, ele se precipita para "a idade adulta" completo ou acabado.

Ao contrário, o homem é e se mantém um "permanente embrião"; assim, ele ficará aberto a múltiplas influências e se revelará capaz de aprendizado. Em resumo, nasce graças ao que já fora observado em outros lugares: a neotenia ou a autonomização de uma fase larvar ou primitiva (daí uma nova espécie).

Quais indícios perceptíveis devemos reter, a favor dessa operação redentora, a que nele implanta a juventude? Bolk recusa a

---

30   Resulta que se deve inverter a fórmula: não é o homem que descende do macaco, mas o contrário, pois o símio tornou-se rapidamente adulto, enquanto o homem permanece biologicamente imaturo.

bipedia que julgávamos essencial para a corporalidade humana e na qual ele vê menos uma causa de modificação ou mesmo um aspecto físico notável do que uma simples consequência do resto. Entre outras provas, ele apresenta a ausência de pelagem e de pigmentação (o macaco nasce coberto de pelos, ao passo que a criança chega ao mundo nua e assim permanece), a persistência da fontanela, a forma da bacia, o peso do cérebro, o ortognatismo que se contrapõe tão nitidamente às mandíbulas hipertrofiadas do animal.

A dentição lhe dá mais um testemunho a favor do recuo da morfologia adulta. Nos símios, o romper dos incisivos e dos molares começa desde o nascimento; apenas começado e já se inicia o crescimento da dentição definitiva, sem qualquer intervalo de tempo: à queda dos primeiros segue-se, imediatamente, o surgimento dos definitivos. No homem, é muito diferente: se, primeiro, o nascimento dos "dentes de leite" estende-se por vários anos (de dois a quatro), a troca que se seguirá não irá ocorrer de modo síncrono; durante algum tempo a criança ficará privada do que lhe permite morder. É certo que o animal não poderia tolerar a diminuição da energia de sua mandíbula. Como o cultural já penetra o natural, não fica excluído que o domínio do fogo tenha favorecido essa transformação hominizante: o cozimento reduz o papel da mastigação, e isto, por um fenômeno de encadeamento, libera bruscamente a caixa craniana do peso mandibular, favorecendo o aumento do volume do crânio. Em consequência, pode aparecer um "rosto" (e não só uma cabeça e uma boca animal).

Bolk enumera outras características somáticas a favor de um corpo liberado do seu peso: "Não há mamífero cujo crescimento seja tão demorado quanto o do homem. Não existe qualquer outro que permaneça tanto tempo na dependência dos pais".[31] Isto permitirá ao social (a educação) introduzir-se e marcar a criança.

Uma determinada patologia, segundo Bolk, resultará do fato de que o homem, desequilibrado ou enfraquecido, não consegue

---

31   Bolk. Le problème de la génèse humaine. In: *Revista francesa de psicanálise*, 1961. p. 251.

mais se opor ao impulso quase simiesco: "Os sintomas das doenças do sistema endócrino se deixam reconhecer pelos seus caracteres pitecoides" (a pilosidade abundante, manchas salientes de cores diversas, ossificações estendidas, aumento do maxilar inferior etc.).

Concebemos o motivo da involução: subtrair-se de um destino e cultivar a possibilidade de alguma remodelagem (o corpo-argila).

* * *

Embora venham de horizontes biológicos diferentes, nossas conclusões acabam se cruzando. O corpo objetivo e, até, anatômico nos parece manifestar-se, ao mesmo tempo, pela "pluralidade que encerra" e pela "conquista", pela qual ele consegue uma ascensão: ele próprio se eleva a um grau superior, o que implica que tenha podido negar o primeiro.

Ele conseguiu sair, sozinho, do impasse no qual todos os outros ficaram presos: aceitar "partes" indispensáveis para a especialização (e, até mesmo, para a agilidade motriz), mas sem prejudicar a indispensável união federativa.

Os mais desprovidos, obrigados a se proteger, favoreceram "uma globalidade sem falhas" e não diferenciada (tal como o mexilhão, encerrado na sua concha inteiramente lisa). Alguns, mais engenhosos, irão recorrer à segmentação, que traz muitas vantagens (a metameria, tão nítida nos vermes e nos insetos), mas foi possível – aí esta a glória do corpo humano, sem igual – ter conjugado as duas correntes com seus respectivos benefícios: a grande divisão e, também, a fusão e a reorganização.

Capítulo 4

O Corpo Libidinal

O corpo anatômico, na medida em que ele próprio interrompe seu crescimento (Bolk), abre-se, assim, às influências modeladoras: no lugar do ser que corria infalivelmente o risco de se transformar, doravante é o devir que toma posse do seu ser e o caracteriza.

Assim, vamos bem além da anatomia e da fisiologia e, antes de examinar o corpo cultural e seus sucedâneos (o canônico, o ideal, o transformado), atingimos, justamente, o corpo personalizado, aquele que vivemos, que passou pelos seus próprios dramas, sofreu traumas e gravou, em si mesmo, sua história (o corpo libidinal).

De fato, a libido (a energia biopsíquica) investiu a tal ponto no corpo, desde sua origem, que ele perdeu sua neutralidade: a interioridade entra na sua exterioridade. Ela devia introduzir-se, aliás, a partir dos seus "orifícios", onde ocorriam as relações entre o eu biológico e o de outrem. Realmente, o corpo nunca existe isoladamente; convém, pois, não separá-lo daqueles que o cercam. Essa observação pode ser aplicada até aos seres mais pobres (no mundo animal, a independência importa menos que a mutualidade).

Da mesma forma como o problema da relação "entre o todo e as partes" deteve nossa atenção até aqui, focalizaremos, doravante, nossas análises na questão do subjetivo (ou do desejo) em um objetivo por ele encoberto.

* * *

A boca, a oralidade, foi a primeira região (o orifício) modificada, devido ao prazer ligado à sucção, à necessidade nutricional que aplaca uma fome angustiante (o vazio, a privação). Mais tarde, o indivíduo terá dificuldade em escapar quer à pressão bulímica (a avidez, a captação, o medo da privação), quer à reserva anoréxica (a recusa da alimentação, a repugnância por tudo que entra no corpo, tanto o real quanto seus equivalentes, o simbólico). O bucal perdeu definitivamente sua indiferença (de onde o beijo, a sucção, até mesmo o balbuciar infantil etc.).

Não isolemos a boca em demasia, o corpo todo (a pele) é atingido, como salienta Freud: "Damos o nome de áreas erógenas às partes do corpo de onde parte, especialmente, essa libido, mas, na verdade, o corpo inteiro constitui uma zona erógena".[1]

A analidade consecutiva à oralidade está ligada ao domínio muscular e ao controle esfincteriano, através da oposição ao educador que impõe a ordem, a regularidade e a disciplina. Passamos da mãe "nutriz" à mãe socializante, preocupada com a higiene. Logo, tudo se complica: uma formação reacional, causada por uma repressão demasiadamente intransigente, acarretará atitudes rígidas, um ritualismo neurótico, uma luta contra a atração da sujeira, um apego à etiqueta e a uma polidez que esconde uma agressividade larvada.

Passaremos, em seguida, do corpo sexuado ao corpo sexualizado. Assim se instalam, aos poucos, as bases históricas do indivíduo.

Sem entrarmos na evocação da teoria psicanalítica, nós nos limitaremos a mostrar como o antropólogo da bioenergia e da corporalidade vivenciada age para conseguir realizar seu trabalho de desdobramento psicossomático, em que pesem as resistências daquele que não coopera nessa decodificação (a das camadas enterradas). Nosso corpo encerra uma história que o constitui, mas que não pode deixar de vir à tona. É importante, então, retomar esse "expressivo velado" – velado porque nós o estamos sempre ocultando e exibindo, ao mesmo tempo.

Como conceber, então, esse corpo no qual se cristaliza o passado pessoal? Entretanto, o antropólogo nos perguntará qual é o motivo dessa busca que ele teme. Ele receia, legitimamente, as conse-

---

1   *Abrégé de psychanalyse* (Compêndio de Psicanálise). 8. ed. PUF, 1975. p. 11.

quências (a detecção, a seleção, a exclusão, o próprio *voyeurismo*, ou seja, o sadismo daquele que se aplica em flagrar ou esquadrinhar).

O terapeuta pode justificar tal abordagem porque ela lhe faculta melhor apreensão dos conflitos mal resolvidos, o sentido dos sofrimentos e dos distúrbios que ele propõe aliviar. Ele ajudará o paciente a escapar desses impasses dolorosos nos quais ele próprio se perdeu.

Fora do aspecto terapêutico, porque não evidenciarmos a maneira como o corpo não para de nos mandar "mensagens" não verbais (o corpo como fonte de comunicação)? Recebendo-as, reconhecemos no corpo uma maior riqueza. Não se trata de vigiar nem de desmascarar, mas de entender melhor.

Esse corpo deve ser definido, realmente, como uma exterioridade enigmática, pelo simples fato de ter registrado (na epiderme, pelo menos) contatos, choques, excitações e, principalmente, trocas cujas marcas ele conserva; a história individual o traspassa. Será possível reencontrá-la, com a condição de ultrapassarmos a percepção habitual e de nos situarmos nos pontos de ancoragem do desejo e de suas manifestações furtivas (o corpo palimpsesto).

Não cessaremos de lembrar que o corpo libidinal situa-se na junção entre a exterioridade e a interioridade; esta o esculpiu pouco a pouco e, por isto, aí reside. "A alma produz seu corpo". Por outro lado, esta exterioridade, por definição, deixou de ser uma verdade: o corpo tornou-se "o lugar do eu"; ele nos oferece o privilégio de uma objetividade espiritualizada.

"O corpo, afirma Erwin Straus, é o mediador entre o Eu e o mundo, não pertence nem ao exterior nem ao interior".[2] Eis por que a alma se dá a conhecer: o corpo a revela a quem sabe examiná-lo ou entendê-lo. A formulação é excessiva, mas apenas copiamos Nietzsche: "O homem desperto, aquele que sabe, diz: corpo eu sou, inteiramente, e nada mais; a alma não passa de uma palavra para

---

2   E. Straus, *Du sens des sens* (Do sentido dos sentidos). Tradução de 1989. p. 393.

designar algo no corpo. Em teu corpo, há mais razão do que em tua melhor sabedoria".[3]

O metafísico protesta: retorna sempre à questão da "alma" e do pensamento, que o corpo certamente não pode produzir, a fim de reduzir sua importância. Então, de onde ela provém? Não é justo acusarmos a sociedade, no que toca ao essencial? Nem sempre convém revelar ou expor nossos propósitos diante dos outros. Robinson Crusoé, na sua ilha, como lembrava Pierre Janet, pode falar em voz alta, comentar suas próprias operações ou sonhar com seu futuro; não é perturbado nem pela água do mar que o cerca nem pelos rochedos acima dele. No meio de outros, porém, convém "interiorizar" nosso acompanhamento falado; daí a duplicação apenas "em ideia" dos nossos movimentos, atos e projetos. Lucramos ao escondê-los e nos contentamos com uma "troca" silenciosa, embora com murmúrios de palavras mudas. Subscrevemos a tese de um cérebro ocupado por sua linguagem virtual (uma conduta verbal apenas esboçada).

Imaginamos mal os benefícios desse perpétuo "ruminar"; palavras acompanham nossos gestos, glorificando-os, favorecendo-os, passando-lhes à frente. Não paramos de nos situar e de nos encorajar. O pensar se reúne ao falar; desta forma, não colocamos qualquer distância entre o corpo e sua alma, pois essa intensifica ou prepara aquele.

Os psicólogos nos ensinaram meios para decifrar e discernir melhor a alma no corpo: tanto em *O xiste*[4] quanto em *A psicopatologia da vida cotidiana*,[5] Freud recenseou "os atos sintomáticos e acidentais". "Exprimem, segundo ele, algo de que o próprio autor do ato não suspeita e que, em geral, quer guardar para si no lugar de comunicá-lo aos outros".[6]

---

3   Nietzsche. Assim falava Zaratustra, § Des contempteurs du corps (Dos que criticam o corpo). In: *Œuvres philosophiques*. Gallimard, 1971. p. 45-46.
4   N.T.: A palavra espirituosa.
5   N.T.: A psicopatologia da vida cotidiana.
6   *A psicopatologia da vida cotidiana*, p. 205.

Daí toda uma série de perguntas e respostas: por que roer as unhas ou repuxar a barba ou, ainda, ficar brincando com a corrente do relógio? Por que amassar, à nossa vista, um pedaço de miolo de pão ou qualquer outra substância plástica? Por que enfiar o dedo no nariz? Por que ficar puxando as vestes? Por que, ainda, ficar sacudindo as chaves ou algumas moedas no fundo do bolso? Por que deixar à vista tal ou tal parte do próprio corpo? Por que tirar ou recolocar a aliança? Por que agitar a perna compulsivamente, pois todo movimento ritmado é inteiramente vedado?

Freud sublinha: "Aquele cujos lábios se calam, tagarela com as pontas dos dedos; ele se trai por todos os poros. Eis por que a tarefa de tornar consciente as partes mais dissimuladas da alma é perfeitamente realizável".[7]

Quem duvidaria que a maioria dos gestos se revestem de significado sexual e que não suscitam, então, a proibição?

O simples fato de se coçar ou de se tocar (os dedos no nariz ou nas orelhas, os olhos esfregados com excessiva frequência, as unhas muito tratadas os cabelos sacudidos) vai de encontro àquilo que afasta os corpos uns dos outros, e ainda mais o nosso (a masturbação temida e simbolizada). Os contatos não são vigiados? Eles são tão vigiados que devemos nos abster de "tocar" os objetos que pertencem a outrem (representando aquele que os usa), assim como de envolver ou de apalpar os próprios. Por toda parte está imposto o evitar (nada de beijos, abraços ou agarramentos!). E como não desconfiar de um corpo insistente, demasiadamente presente e opressor? Assim afastamos o corpo tanto dele mesmo quanto dos outros.

O homem inventará, certamente, alguns artifícios para escapar dessa violência: o autoafeto proibido encontrará mil fintas; assim, como deixar de acariciar um gato que ronrona junto a si? Não está aí o substituto de um gesto condenado? Mas ele toma o aspecto de uma conduta simplesmente tolerada e sensível, quando não familiar, que, ao mesmo tempo, ele desvia.

---

7   *Cinco psicanálises* (Dora).

Todos esses gestos, não esquecendo as imperícias, os repentes, as confusões nos "traem" a tal ponto que convém distinguir dois tipos de movimentos: os intencionais, comandados por uma finalidade (com eles, uma simples manipulação ou preensão) e os puramente expressivos. Convém estabelecer, ainda, nuances nessa separação, porque a simples forma como nos apoderamos de um objeto pode traduzir a ânsia da captação, o medo de uma perda, o orgulho de uma captura violenta ou, pelo contrário, uma tomada de posse pouco garantida, mal coordenada ou, ainda, o desinteresse.

O corpo pulsional se exprime, por assim dizer, em linguagem binária: ou a avidez ou, então, certa moleza (cada qual com suas multimodulações). Ou a demasia, ou a insuficiência.

"Não fico nem um pouco surpreso que Gregório de Nazianze, observando os gestos bruscos e agitados de Juliano, tenha predito que ele se tornaria, algum dia, um renegado, observa Freud, citando uma passagem do romance de Stern".[8]

A motricidade, além do objetivo que visa a alcançar, nos parece, portanto, reveladora: enquanto o sujeito controla seus dizeres, a mão lhe escapa. E nós desejamos recolher esta agitação permanente, embora seja, muitas vezes, apenas esboçada e quase imperceptível. É verdade que os neuropsicólogos, dotados de instrumentos diversos, captadores, amplificadores, analisadores – mas desconfiamos da instrumentação em ciências humanas! –, aprenderam a trabalhar partindo de traçados (os psicogramas), que recolheram os menores frêmitos.

De todos os lados, os sinais são numerosos: E. T. Hall chegou até a considerar "o afastamento espontâneo" ou a proximidade entre dois indivíduos que se comunicam, para conhecer e avaliar a natureza do elo social, real ou esperado. Tendemos, à nossa revelia, a nos aproximar ou distanciar.

Hall distingue a distância íntima (0,15 cm), a pessoal (45 a 75 cm), a social (1,2 a 2 m), a pública (mais de 3 m). Se esses números podem provocar sorrisos, eles não deixam de indicar, no solo, a in-

---

8   *A psicopatologia da vida cotidiana*, p. 231.

tensidade, a energia das paixões assim projetadas: ou uma ligação pouco desejada (o temor de uma reaproximação) ou, então, um desejo quase fusional. Paralelamente, a voz deverá ser mais baixa ou mais alta, em função do afastamento.

Esse sintoma espacial não é secundário nem anódino: ele acompanha o conteúdo da comunicação, chega até a induzi-la. Hall, aliás, destacou menos os efeitos da distância do que procurou estudar suas variações e consequências.

Quando um amigo lhe fala, ele decide (experimentalmente) afastar-se. A situação muda logo: "Se eu recuava até uma distância confortável (cerca de 50 cm) ele parecia desorientado, espicaçado, quase como se houvesse dito: por que ele age assim? Faço o máximo para falar-lhe amigavelmente e eis que ele se retrai. Terei eu dito ou feito algo de mal? Após ter-me assegurado que a distância afetava diretamente a conversa, fiquei no mesmo lugar, deixando que ele estabelecesse a distância".[9] Não nos preocupemos em demasia com o que é dito (as palavras) para considerar apenas "a territorialidade" ou as localizações respectivas: pela simples disposição dos interlocutores, já se pode adivinhar a natureza dos discursos. O afeto implica o contato, ao passo que a agressividade ou a cólera impõe o recuo. Da mesma forma, o poder e os aparelhos da dignidade são menos notados pelos que ouvem do que o afastamento daqueles que os cercam.

Portanto, o antropólogo não desprezará essa distância espontânea (a proximidade ou o afastamento) nem os menores gestos, nem a maneira como agimos (lentidão ou impulsividade).

Não estamos muito distantes da célebre fisiognomonia renovada por Lavater: "Denomino fisiognomonia o talento de conhecer do homem pelo seu exterior, de perceber por certos indícios naturais aquilo que não impressiona de pronto os sentidos. Quando falo de fisiognomonia como ciência, entendo por isto todos os externos que se fazem imediatamente notar nos homens. Cada

---

9   F. Hall. *Le langage silencieux* (A linguagem silenciosa). Tradução de Mame. 1973. p. 195.

traço, cada contorno, cada alteração ativa ou passiva, cada atitude ou posição do corpo humano; em resumo, tudo o que pode ajudar no reconhecimento imediato do homem".[10]

Entretanto, Lavater devia contar "com os sinais físicos" constantes e estáveis (os ossos, o crânio). Longe de ter ignorado as atitudes, a marcha, a postura, ele acentua, porém, em excesso, as linhas, os contornos, os relevos. Ele favorece indiretamente aquilo que iria desacreditar sua própria disciplina.

Os sucessores de Lavater ampliarão rapidamente esse aspecto de sua obra; eles se desviarão e irão recair na frenologia, ou seja, a cranioscopia. Segundo Gall, os ossos do crânio estão moldados pelo córtex subjacente que abrigam, daí resultando as saliências e as partes planas. Ora, o encéfalo marca o aparecimento e a singularidade do indivíduo; ele é, portanto, o depositário de suas características. Resulta que o exame da simples caixa craniana deve ser privilegiado; aí, onde Lavater apenas observava, Gall se põe a apalpar e, especialmente, a medir (usando o goniômetro). Lavater evitou esse desvio, embora o tenha esboçado e possibilitado.

Ele não deixa de ter estabelecido, porém, as bases do exame corporal de tal forma que descobre, nele, o psiquismo: o externo permitiu-lhe adivinhar e explorar o interno. Ele lembra isto em todas as passagens.

"Em toda a natureza, não há objeto do qual possamos descobrir as propriedades e as virtudes apenas pelas relações exteriores que são perceptíveis aos nossos sentidos. É nessas determinações externas que se forma a característica de todos os seres, a base de todos os conhecimentos humanos. O homem ficaria reduzido a ignorar tudo, tanto os objetos que o cercam quanto ele próprio, se, em toda a natureza, cada força, cada vida não residisse em um exterior perceptível; se cada ser não tivesse um caráter análogo à sua natureza e à sua extensão".[11]

---

10   L'art de connaître les personnes par la physionomie (A arte de conhecer as pessoas pela fisionomia). In: *Œuvres choisies*, 1820. t. I, p. 223.

11   L'art de connaître les personnes par la physionomie. In: *Oeuvres choisies*, 1820. t. I, p. 166-167.

Lavater apresenta argumentos convincentes a favor do seu método (decididamente exteriorista); constrói alguns rostos artificiais, feitos de pedaços, e se questiona quanto à verossimilhança: "Tomai a silhueta de quatro pessoas diferentes, reconhecidamente sensatas e tirai uma parte distinta de cada. Enxertai a fronte da primeira silhueta no nariz da segunda e, depois, acrescentai a boca da terceira e o queixo da quarta; a imagem desses diversos sinais da sabedoria (vindos de pessoas sensatas) formará a imagem da loucura".[12] Lavater conclui que uma só parte poderia bastar para testemunhar do conjunto (a homogeneidade dos segmentos) e que a mistura, ainda que de pessoas próximas, cria um artifício insustentável (uma cacofonia).

Operação semelhante, após ter recortado um rosto em três faixas (da fronte até as sobrancelhas, das sobrancelhas até a extremidade do nariz, do nariz até a ponta do queixo), ele se limita a aumentar uma delas (poderia igualmente diminuir). Desafia, então, qualquer pessoa a encontrar no mundo uma caricatura semelhante.

Mas Lavater afastou-se de suas regras de análise, na sua "prosopografia": no rosto, onde se concentra particularmente o psiquismo, ele opõe as partes moles (os lábios, bochechas, que relevam, segundo ele, o uso e o costume) às duras (os ossos, a fronte, o nariz, o queixo), às quais ele se liga mais.

Ele nota até a ocorrência de contradições entre esses dois registros, o do mole e o do duro, nunca, porém, no interior do segundo; daí se inicia o desvio que já mencionamos, esta preferência pelo estável ou indeformável (o osso).

"Eu já havia dito, escreve Lavater, que a originalidade e a essência do caráter reaparecem mais diretamente e de forma mais positiva nas partes sólidas e nos traços com contornos mais acentuados, enquanto as disposições habituais e adquiridas se fazem notar, com maior frequência, nas partes moles, principalmente nas que se encontram na região baixa do rosto".[13]

---

12   Idem. t. II, p. 8.
13   Idem. t. II, p. 70.

Esse passo em falso teria sido evitado, como parece admitir seu crítico, Hegel, se Lavater tivesse orientado seu estudo não no "exterior somente", mas nos atos que o animam: "O exterior desvantajoso assim como o exterior vantajoso podem ter, por trás, algo diferente daquilo que fazem inicialmente presumir. Eis por que a expressão bíblica "Guarda-te daquele que Deus marcou" é muitas vezes empregada erradamente... O homem se conhece muito menos pelo seu aspecto exterior do que a partir de seus atos. Até a linguagem pode servir tanto para dissimular quanto para revelar os pensamentos humanos".[14]

Para reforçar o todo, citaremos a quase inexistência desse "quadro" de Lavater e das suas linhas fixas nas quais o fisiognomonista se baseia, na busca de apoios fáceis. Proust, por exemplo, sempre tão sutil nas suas observações, nota como o estável, no rosto, está submerso numa mobilidade incessante, como as mudanças, as oscilações e até as substituições o submergem; será que se trata, no limite, da mesma pessoa, tanto ela se anamorfoseia sob nossos olhos, em um instante apenas? Também é utópico deter-se aos relevos e, logo, à medição dos mesmos.

O psiquismo corporal não se deixa prender tão facilmente; ele não pode deixar de escapar à captura direta. Quando pensamos tê-lo prendido, só seguramos sua sombra.

* * *

Devemos nos orientar não para os microrrelevos ósseos, os recortes e os ângulos, mas para algo mais animado e mais sugestivo.

Também não contemos demais com as irrupções ou as manifestações bruscas – os atos falhos ou involuntários de que tratava Freud. O corpo se exprime tanto que não é necessário vigiar o excepcional ou o insólito.

Vamos considerar, também, ações oferecidas, simples e constantes; a voz, em primeiro lugar (a emissão, o orifício faríngeo). O que ela nos irá revelar?

---

14   Hegel. *Enciclopédia, a Filosofia do espírito*. Tradução francesa de B. Bourgeois. Vrin, 1988. p. 517.

Convém ignorar o que é dito (o conteúdo da mensagem, tantas vezes mentiroso, como confessava o próprio Hegel) para só nos determos no "sopro". Podemos até recorrer a procedimentos instrumentais – como um filtro para apagar os sinais linguísticos que mascaram a afetividade subjacente a cada palavra ou, então, um dispositivo gerador de ruídos que embaralhará este significado sem afetar a estrutura da prosódica (o significante), ou ainda, embora com menos efeito, obrigando o sujeito a pronunciar frases vazias.

a) Inicialmente – primeira questão – por que privilegiar a fonação? Desejaríamos justificar essa opção psicofísica.

Ninguém duvida que o "balbuciar" tenha raízes nessa boca que sabemos ter perdido seu *status* objetivo: ela se uniu ao desejo. Além disto, ela pressupõe "uma produção" (por uma fina musculatura laríngea) e, ao mesmo tempo, um resultado que recebemos e com o qual podemos jogar. Como não dar importância a esse circuito fechado que liga a voz ao ouvido? No limite, não vemos a nós mesmos (um interno só reencontrado por um externo e, portanto, nos percebemos como "um outro"); se nos tocamos, percebemos como que uma dupla impressão, a da mão que sente e a daquilo que ela toca. Mas a audição nos parece um autoafeto menos perigoso e mais unificado (nós nos entendemos). Também é possível dispor, no fundo da verbosidade, uma área de narcisismo obrigado.

Essa voz releva, também, a "sexualidade dita secundária" por lembrar, aí, observações referentes ao "corpo objetivo": sabemos bastante o quanto diferem, a esse respeito, os homens das mulheres. Por outro lado, a puberdade não irá transformá-la?

O envoltório sonoro, tão importante, tomou o lugar do "contato cutâneo". Ele assegura o revezamento ou a ligação da mãe com sua criança; ele assina, a seu modo, a inseparabilidade dos dois.

Por um lado, a criança ouve aquela que lhe fala e a embala; a voz da mãe ressoará certamente nela. Por outro lado, uma se dirige à outra para estabelecer a comunicação.

Também a função pática (atrair a atenção daquele a quem nos dirigimos, para garantir, até, que não a perca, para voltarmos a Jakobson) prenuncia a metalinguística, mais tardia, menos pessoal e mais socializada. Basta um fraco murmúrio, alguns balbucios para que a criança abandonada creia ter apagado a separação e restaurado o envolvimento original. Com o primeiro balbuciar, o ausente é como que "atualizado"; também, ele é chamado de modo vago e chega, mas o fato de ser chamado basta para torná-lo virtualmente presente.

O bucal é, portanto, um cruzamento incomparável: a oralidade, o narcisismo, o sexual, o motor e o relacional se cruzam e ainda é preciso mencionar novamente que a criança aprende a dominar o aparelho fonador e se encanta, visto que ele produz o que recebe.

É por isto que aí nos colocamos: é preciso valorizá-lo (o bucal) por causa do seu aspecto de nebulosa individualizadora.

Poderiam nos objetar que essa verbosidade acompanha ou veicula o neurótico e que constituiria, então, um "espelho" distorcido, quando não escuro. Mas aqui está nossa tese: o corpo é, principalmente, a junção do interior e do exterior. Ele une esses dois planos. Resulta que uma exterioridade sem seu fundo íntimo de fragilidade implicaria a pior das patologias; mas, ao contrário, uma interioridade doentia, fechada em si mesma, que não mais conseguisse a enunciação clara e a audibilidade não irritaria menos e nos preocuparia igualmente. As duas são necessárias; menos uma e outra do que uma através da outra, o direito e o avesso.

A linguagem artificial e atonal, inexpressiva dos robôs exemplifica aquilo de que devemos fugir (um pesadelo, causado pela presença do não humano em um material psíquico sensível). No sentido contrário, sofremos quando encontramos alguém que não pode pronunciar bem (a dislalia, distúrbio de articulação sem real consequência orgânica). Quem não fica pouco à vontade ante um gaguejar excessivo, ante o zezeísmo, tanto quanto nos incomodou o tom impessoal (inexpressivo)?

Convém, pois, ouvir uma surda participação neurótica, porém, logo vencida. Exigimos os dois: o interior e o exterior, a nota designada como patológica e sua correção. A voz, pelo seu destino, pela sua história, favorece a mistura; daí o interesse em recolhê-la. Quem poderia negar que a palavra que melhor se recebe, a que deixa marcas, junta os dois, como um fraco zezeísmo ou uma dificuldade mínima rapidamente superada?

O que aumenta, principalmente, essa preferência pela fonação é que nenhum locutor consegue controlar inteiramente o fluxo, a modulação, o timbre; tampouco saberíamos comandar nosso volume respiratório (inspiração assim como expiração). Jung usou, aliás, essa incapacidade, que explorou e aumentou, graças a seu pneumógrafo – para acercar-se melhor das profundezas da alma humana. Quando pronuncia determinadas frases ou palavras, carregadas de afetividade, a pessoa sofre um leve contragolpe que repercute na ventilação: ou uma restrição temerosa, ou uma amplificação feliz. "No dia a dia não o percebemos, a não ser pela voz tensa das pessoas que enfrentam uma situação muito afetiva... Indagada, a pessoa responde 'não sei, é assim'. São seres cuja respiração apresenta uma redução crônica pela atuação de um complexo".[15] O próprio Freud não deixou de observar em Dora, sua paciente, não só algumas variações da respiração, mas, especialmente "a tosse violenta provocada, geralmente, por uma comichão na garganta, representando uma situação de satisfação sexual".[16] A irritação faríngea, os pigarros repetidos assumem, graças a ela, um sentido. Encontramo-nos, de fato, em uma zona particularmente sensível e reveladora.

b) Mas o que registraremos de fato? Menos, talvez, que esperamos, porém, mais do que admitimos geralmente.

Um contemporâneo não duvida da colheita: "Na voz, estamos todos nus. Estamos nus para o outro; só o outro, pela simples escuta de nossa voz, pode fazer o retrato falado da nossa alma. Nus só estamos na voz, pois o corpo nu não implica uma nudez perfeita, uma nudez reveladora; as atitudes, os gestos, embora também nos denunciem, só o fazem parcialmente; eles dissimulam, também, atitudes e gestos que nos são próprios".[17]

---

15   Jung. *L'homme à la recherche de son âme* (O homem à procura da sua alma), p. 161. Há trad. em port.

16   *Cinco psicanálises*. PUF, 1954. p. 34.

17   H. Bianciotti. La voix et la nudité. In: *La voix et ses sortilèges* (A voz e a nudez. In: A voz e seus sortilégios). M. F. Castarède, Les Belles Lettres, 1987. p. 166.

E Hegel, o filósofo, nos cumula com suas observações profundas: "Um modo ainda mais completo da tradução corporal... é constituído pela voz. Ela não é constituída apenas por um exterior presente (como no riso) ou não é suscitada por algo que tem uma materialidade real (como nos choros), mas é gerada por uma corporeidade ideal, uma corporeidade, por assim dizer, incorporal, portanto, um ser material no qual a interioridade do sujeito conserva inteiramente o caráter de interioridade..."[18] E se essa voz, como salienta Hegel, une a tal ponto o externo e o interno, ela revelará, mais que qualquer outra expressão, tanto a alma quanto o corpo aos quais ela se identifica.

Vozes roucas, secas, semelhantes a latidos, irregulares ou, ao contrário, melodiosas, calorosas, pouco veladas, o que elas nos revelam? Novamente, a etimologia vem nos socorrer: "*persona*" indica, na origem, o orifício bucal de uma máscara que os atores deviam usar nos teatros (tendo em vista a declamação). Por generalização ou por contaminação, esse dispositivo que amplia a palavra acabou designando o próprio sujeito (a pessoa). Somos, primeiro, "uma voz". Às vezes ela, isolada, basta para nossa identificação.

Na pronúncia, discernimos dois operadores possíveis: uma parte de poder, em algumas pessoas, uma tensão, a articulação que dá relevo e, principalmente, que "desmembra" claramente, com acentuações bem timbradas – o aspecto agressivo, em suma –, assim como o oposto, um componente melódico que prolonga a duração das vogais e corrige as consoantes obstrutivas. Em resumo, o locutor joga com dois registros. Para usar um vocabulário freudiano, identificamos, ao mesmo tempo, um comportamento anal (as acentuações, a força, a combatividade) e remanescentes narcisistas, até um autoerotismo oral (uma voz sem timbre, cantarolante).

De modo ainda mais geral, na firmeza da clara decomposição (falar e devorar, não mais mastigando, falando de modo mal articulado) e na harmonia dos sons molhados, acreditamos reencontrar as duas modulações fundamentais da psicomotricidade, quer

---

18   Hegel. Op. cit. p. 460.

uma fala cadenciada, quer um relaxamento (equivalentes a uma brusca tomada invasiva ou ao seu oposto, um relativo abandono). Na palavra, acreditamos perceber e ouvir esse notável acoplamento psicofísico, mas de modo mais fino que em outras partes, mais sutil e mais rico.

Já que somos mais atentos ao "tom" que ao "som", devemos dar todo valor às impressões vocais que nos fornece a tonopsicografia; elas aqui valem mais que as impressões digitais, as simplesmente motoras ou as escriturais (o escrito vem em segundo lugar: ele se inspira, mais ou menos, na palavra, ainda que não a copie. Ele foi aprendido e, sobretudo, corrigido. Ele nos afasta de um corpo exposto primeiro pela voz).

Ivan Fonagy (*La vive voix, Essais de psychophonetique*,[19] 1983) foi um pouco além, em várias direções; ele possibilita ao psicólogo do corpo sair de sua imprecisão.

a) Fonagy dispõe de uma aparelhagem apropriada (não há verdadeira psicologia sem um laboratório e instrumentos) que o ajudará a experimentar as menores diferenças prosódicas: "Podemos reproduzir, por meio de um sintetizador, uma frase francesa ou inglesa ao natural e, numa segunda fase, variar voluntariamente determinado parâmetro: a intensidade, as durações, a curva de frequência fundamental (determinando a melodia da frase)..."[20]

Em suma, o que resulta desses grafismos, através de suas oscilações, seus saltitares, suas quedas, suas frequências, suas amplitudes? O fluxo rápido, por exemplo, ainda mais quando acompanhado pela rigidez da curva melódica, refletiria diretamente a aceleração, assim como a tensão cardiorrespiratória; ele copiaria um combate e denotaria uma violência dificilmente contida, assim como certo gosto pela confrontação. Em outros casos, essa precipitação brusca e irregular evocaria mais a imaturidade.

No sentido oposto, a ondulação ligada ao relaxamento da laringofaringe corresponderia mais a movimentos redondos e contí-

---

19 **N.T.:** A viva voz, ensaios de psicofonética.
20 Fonagy. Op. cit. p. 124.

nuos, como se esboçassem carícias. Assim, não deixamos o círculo da psicomotricidade: ou a oposição batalhadora, ou a intimidade fusional.

b) Fonagy, graças a seus levantamentos, semelhantes a eletro-encefalogramas, consegue diferenciar: os termos comuns escondem em demasia as dessemelhanças importantes.

A cólera – e aconteceria o mesmo com a alegria – apresenta esquemas de entonações muito variadas. Consideremos apenas esses esquemas: ou ela explode ou, então, se envenena (e os intervalos entre os acessos se reduzem); ela não consegue se dissipar e se ressalta, ou só explode no fim das frases, como se fosse dominada apenas momentaneamente; ou, melhor ainda, pode se inscrever em uma horizontal estendida, sem qualquer inflexão (a violência calma ou fria, que não é a menos temível) – confira figura1, p. 115.

c) Fonagy não discerne apenas a presença do afeto na verbosidade; chega até a detectá-la na escolha das palavras que preferimos.

Cada palavra escolhida é reveladora, por si só. O significado não pode ser separado do significante. Fonagy escuta, então, o último. "Segundo Sócrates, escreve ele, o legislador colocou um 'l' na palavra *glykys* para imitar o movimento da língua que sente um líquido fluindo, adocicado e pegajoso (Cratylus, 427 b). Não somente o 'l' participa da ternura, mas o 'm' acústico (mãe, mamãe, mamilo) também participa da sucção... Oswald pôde constatar, nos seus pacientes esquizofrênicos, uma correlação entre a emissão repetida de sons 'mm' (*humming*) e um fechamento em si mesmo, uma profunda regressão narcísica..."[21]

---

21   Fonagy. Op. cit. p. 75 e 77.

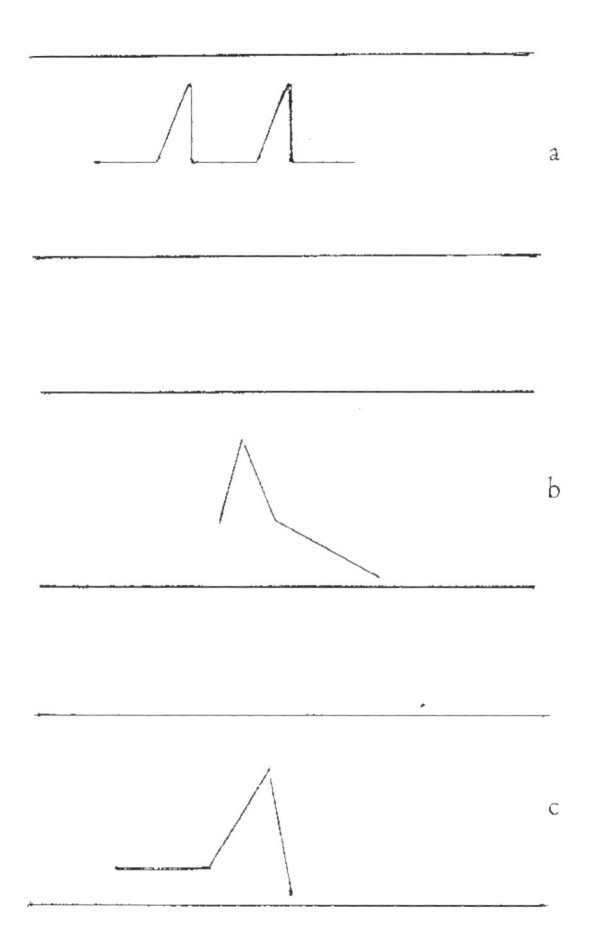

Figura 1 – *Representações esquemáticas da agressividade*:
     a) discussão que se envenena;
     b) cólera que explode;
     c) cólera reprimida que acaba explodindo.
     A resistência passa.

Mas o que é válido para as consoantes (as doces, como o "l" e o "m", gratificantes) aplica-se, ainda mais, às vogais.

Desçamos um nível no microdetalhe da pronúncia. A abertura da boca (obrigatória, na produção dessas vogais) não se choca com a proibição que nos impede de descobrir as partes íntimas do corpo? "As divas do cinema, observa Fonagy, que ficam raramente com os lábios fechados diante do aparelho fotográfico, têm, aparentemente, consciência da atração exercida por lábios entreabertos".[22]

Se é preciso resguardar-se, entretanto, de um fechamento demasiado (a obturação), considerado logo como uma afetação (o maneirismo, o pudor excessivo), evitaremos, no entanto, o "escancarado". Assim, segundo Fonagy, quando o homem ouve, de uma mulher que fala, vogais mais abertas que, de costume, ele acusa sua pronúncia de vulgaridade.

Voltamos ao nosso próprio filosofema: se é desejável uma participação generosa (portanto, a presença libidinal da corporeidade, um jogo de vogais bem formuladas), ela também deve permanecer discreta e controlada. A interioridade e a exterioridade pedem que se chamem e se corrijam mutuamente.

Reconhecemos, de bom grado, que parecemos ter descoberto a América! Há muito tempo, determinados filósofos já tinham percorrido esse caminho. Assim, Nietzsche, com seu martelo com o qual "força os corpos mudos a falar", havia não só auscultado os ídolos, mas principalmente aqueles que se exprimem com palavras.

O filósofo contou abertamente com a audição, mais que a visão: essa, privilegiada pela metafísica clássica, ligada à representação e, portanto, ao distanciamento, leva diretamente à mentira, às implicações idealistas, às evidências suspeitas; ela afasta do vivido e, portanto, do corpo. Na simples "escuta", ao contrário – uma acústica psicológica –, podemos surpreender as pulsações da vitalidade e da energia.

"Há muito mais linguagens que imaginamos. O homem se trai muitas vezes mais do que desejaria. Tudo fala! Mas bem poucos sabem escutar, de forma que o homem, de algum modo, derrama suas

---

22   Fonagy. Op. cit. p. 86.

confissões no vazio; ele desperdiça suas "verdades" como o Sol esbanja sua luz. É uma pena que o espaço vazio não tenha ouvidos".[23]

Nietzsche se preocupa abertamente com os acentos, o ritmo, a entonação. Assim como o som emitido por um corpo subitamente golpeado nos informa sobre sua natureza e, até, sua história (sua robustez, componentes, textura, desgaste e eventual rachadura), também a voz nos expõe e nos "relata": o filósofo consegue, assim, descobrir os pensamentos e sentimentos que se escondem debaixo das palavras, no que ele vai adiante dos filólogos e dos fonólogos, também atentos à sonoridade e à sua organização; estes já tinham renunciado ao "conteúdo" e ao significado, mas Nietzsche irá adiante deles com sua hermenêutica acústica.

Ele não esconde que atingiu, desta forma, uma dualidade essencial: a lentidão (o tempo) que se choca imediatamente com o conceito caracterizado pela violência destrutiva, pela explosão tirânica, pela impaciência unitária. Os dois se confrontam (o corpo e a ideia); nós colhemos os resultados.

"Moral: é preciso aprender a ler corretamente, é necessário ensinar a ler bem... Observem como a pessoa lê depressa, como vira as páginas, uma após a outra, após o mesmo número de segundos, exatamente. Observe com o relógio na mão... A infeliz lê de alto a baixo, como se nunca fosse permitido ler assim uma coletânea de pensamentos!"[24]

Se, aos nossos olhos, Nietzsche tem razão quando mede o fluxo e a precipitação, não o seguimos, porém, quando ele acredita que tal regime possa ser facilmente "regulamentado" ou aprendido; a leitura se inspira demasiado nas profundidades do eu para que possa obedecer a diretrizes de outra pessoa.

---

23 Não só usamos aqui a obra de Eric Blondel, Nietzsche, *Le corps et la culture*, não só remetemos a ele, mas, ainda, tomamos por empréstimo esta citação, PUF, 1986. p. 152.

24 Nietzsche. *Humain, trop humain* (Humano, demasiado humano). II, p. 47. Tradução colhida de Eric Blondel. Op. cit. p. 135.

A disjunção entre a mensagem e sua pronúncia possibilita uma filosofia geral de decodificação e de interpretação; não nos detenhamos no texto, mas vamos diretamente a seu subjacente, ao estilo (o estilo é o corpo falando), à idiossincrasia, à vontade de poder que pode ser reconhecida, aliás, tanto na maneira de ler quanto na de escrever, que lhe corresponde e a renova. "A menor pressão, um aspecto apagado, uma acentuação dura na voz são diversos argumentos contra um homem e, com maior razão, contra sua obra! ... Não temos o direito de ter nervos".[25]

Como consequência correta, às longas frases trabalhadas pela retórica preferiremos fórmulas aforísticas cortantes já que liberadas do peso unificador; elas brotam como chamas ligadas diretamente à energia ou ao fogo interior.

Em resumo, segundo o pioneiro Nietzsche, trata-se menos de ouvir que de escutar e descobrir por baixo da linguagem-tela (tela na medida em que tende a esconder, mas, também, porque é nela que projetamos) as ressonâncias pulsionais, a força dos movimentos interiores ou, ao contrário, tomar conhecimento da monotonia, dos estigmas do niilismo que nos invade.

Vindo de outro horizonte, Jean-Jacques Rousseau, a seu modo, já havia orientado, no século XVIII, a biopsicologia nesse caminho (o da voz).

No lugar de se demorar, como Nietzsche, no conflito revelador entre o conceito nivelador (até mórbido) e uma vida cheia de vigor, ligada aos ritmos e não mais às pressões métricas, Jean-Jacques se apegou à guerra acirrada entre a sociedade e o indivíduo: ao longo de toda a sua história, o indivíduo foi sendo maltratado, cada vez mais, pela sociedade que o sufocou. A linguagem perdeu, definitivamente, sua riqueza e seu timbre; a escrita suplantou a palavra, que se extinguiu. A gramaticalidade que ordena e engessa expulsou, ainda, os restos de melodia.

---

25   Idem, Nietzsche. *Ecce homo*, II, § 10. Tradução colhida de Eric Blondel. Op. cit. p. 165.

Existem línguas que favorecem a liberdade; são línguas sonoras, prosódicas, harmoniosas, cujo discurso distinguimos de bem longe. As nossas são feitas para os murmúrios dos divãs. Nossos pregadores se atormentam, fazem grandes esforços nos templos, sem que saibamos nada do que disseram. Após se terem esgotado, gritando durante uma hora, eles descem da cátedra meio mortos. Com certeza, não valia a pena cansarem-se tanto".[26]

Para Rousseau, a música destinada a se desenvolver nas nossas sociedades doentes consistirá, então, em um vasto domínio de protesto contra todos os maus-tratos sofridos; ela irá festejar aquilo que foi excluído, a paixão e o sopro. É nesse único templo que poderemos "ouvir" a alma e liberá-la.

Entretanto, Jean-Jacques Rousseau substituiu a análise propriamente psicológica por outra, político-sociológica, ainda que elas não possam ser realmente separadas.

Jean-Jacques Rousseau considerava um parâmetro que Nietzsche desprezará mais tarde: a linguagem falada varia com os povos; ela não se alinha unicamente nas impulsões-pulsões individuais. Rousseau não deixará de opor o Norte mais consonântico e áspero ao meridional, mais vocálico e musical: "As linguagens do Sul (da Europa) devem ter sido vivas, sonoras, acentuadas, eloquentes e muitas vezes obscurecidas por tanta energia; as do Norte devem ter sido surdas, rudes, articuladas, monótonas, gritantes, claras pela força das palavras mais que em consequência de uma boa construção..."[27] E Rousseau verá, no italiano, restos do calor primitivo e passional – certa idade do ouro –, enquanto o inglês e o alemão transmitem, pelos seus sons, a atividade industrial, o perigo, o combate. Assim, também, "os ministros dos deuses anunciando os mistérios sagrados, os sábios criando leis para os povos, os chefes arrastando multidões devem falar árabe ou persa".[28]

---

26   Jean-Jacques Rousseau. *Essai sur l'origine des langues* (Ensaio sobre a origem das línguas). Ed. Guy Ducros, Bordeus, 1968. p. 199.

27   Idem, p. 135.

28   Idem, p. 135.

Em consequência, adotaremos a tese que esses filósofos tão bem firmaram: a de uma pronúncia e até de uma declaração que refletem plenamente o eu. Aliás, nós nos identificamos pela nossa palavra: como deixaríamos de nos inscrever nela? Já que nos distinguimos apenas pela palavra, eis uma prova cabal de sua possibilidade expressiva e discriminadora. Basta, aliás, que o criminologista tenha registrado a voz de um suspeito para que possa conhecê-lo ou, pelo menos, reconhecê-lo (a tonopsicografia).

* * *

Não examinaremos todas as manifestações biopsicofísicas; esta tarefa cabe ao antropólogo habilitado a examiná-las e, principalmente, a fazer uso de instrumentos capazes de identificá-las, a fim de torná-las ainda mais visíveis, menos discutíveis e, até mesmo, mensuráveis. Limitar-nos-emos a "validá-las" ou, pelo menos, a reconhecer seus métodos; assim, fizemos questão de evidenciar os laços entre o psiquismo mais secreto e a verbosidade.

Não parece que o olhar possa penetrar esse grupo quase semafórico. É preciso ser, simultaneamente, emissivo e "orifical"; ora, com ou pelo olhar, nós recebemos; nós suportamos o mundo exterior que nos cerca; ele escapa, pois, por princípio, à interface do "interno e externo" que se comunicam (o corpo vivido provém, ele mesmo, desse entrecruzar).

Sem entrar no exame justificativo da tese oposta – a de uma visão que pressupõe menos o fato de ver que o de ser visto – contentamo-nos em lembrar esquematicamente alguns processos experimentais que evidenciam a expressão popular segundo a qual "os olhos são as janelas da alma"; ela transparece através deles.

a) Apresentamos a observadores atentos duas fotografias da mesma pessoa, uma das quais foi retocada: as pupilas foram aumentadas. As testemunhas garantem que a segunda (retocada) é muito parecida com a primeira (exceto pelo detalhe dos olhos) e lhes parece mais atraente. A dilatação pupilar significaria, queiramos ou não, um engajamento, uma participação menos restritiva, o afloramento do desejo (por isso, desde a Idade Média, as beldades usaram atropina – a beladona –, que provoca uma midríase, para se tornarem mais sedutoras).

b) Recorremos, ainda, a fotografias de pessoas presas quer por uma emoção, quer por um distúrbio psicopatológico (à maneira de Szondi). Elas foram recortadas em pedaços, submetidos aos observadores. A maior taxa de reconhecimento e de recomposição do quebra-cabeça formado pelo rosto cortado em pedaços e espalhados deu-se ou teve êxito graças ao fragmento dos olhos, que se revelou mais significativo: todas as partes não se equivalem quanto ao seu conteúdo "interior-exterior".

c) O antropólogo soube, por outro lado, medir os movimentos das pálpebras, as piscadelas que aumentam quando a pessoa se debate com um segredo que não quer revelar, embora já se tenha desvendado parcialmente, à sua revelia. Não podemos dominar sempre o corpo. O que mais desejamos ocultar, por ironia, é o que mais transparece, pois, ao tentar afastá-lo, nós o revelamos duplamente, seja por certos sinais que se manifestam, seja porque nossa energia em ocultá-lo lhes dá maior força.

A raiva, a alegria, a atenção, o próprio desejo, não há nada que não se possa ler no olhar, quer se detenha, quer se desvie, quer se dilate e brilhe.

Por fim, apressemo-nos em considerar o olhar menos como um "receptor" do que como um "transmissor". Os gregos já haviam certamente pressentido isto: eles consideravam o olho como aquilo que projeta a luz no lugar de acolhê-la. Ele se coloca, portanto, no grupo do qual fora primitivamente excluído, o da energética pessoal que se difunde.

* * *

Tudo nos conduz na direção do mestre da biopsicologia, Wilhelm Reich, ao mesmo tempo porque ele inaugura uma nova compreensão do "corpo vivido" e porque se baseia na periferia (o exterior) a fim de melhor compreendê-lo.[29]

---

29 Embora já tenhamos tratado dessas questões, voltamos a elas na esperança de confirmá-las e precisá-las (cf. *Faces, surfaces, interfaces*. Vrin, 1982. Cap. V: La biopsychiatrie).

Em vez de estudar a gestualidade furtiva, a voz ou o olhar, Reich surpreende o corpo em suas camadas mais baixas (e mais basais) e menos controladas, lá onde se esconde a personalidade (sobre a musculatura de repouso, as menores contrações, a postura, a rigidez segmentária). Convém renunciar aos movimentos intencionais, bastante socializados e votados a um objetivo (como a preensão, a locução ou o exame visual, isto é, a percepção) em benefício das "paradas" (a couraça, a inibição, a defesa que se paga por uma imobilização protetora). Assim, entramos com Reich no exame da estática corporal que abriga os dinamismos suspensos.

Contudo, Reich devia comprometer sem retorno sua dramaturgia corporal. Uma espécie de loucura energética domina rapidamente seu "corporeísmo". Quem poderia salvá-lo de um desastre desse tipo? E ressaltamos isso porque essa concepção prometedora sofrerá para sempre dessa explosão que se assemelha à demência.

De fato, Reich atribui a energia vital que ele chama de orgone (uma palavra que condensa ao mesmo tempo orgasmo e organismo) e que ele primeiramente reconheceu nos seres vivos e particularmente no homem (a tensão orgástica ou libidinal conduz à realização da vida sexual e visa a se aliviar, a se acalmar) ao universo físico como um todo (as radiações cósmicas múltiplas).

Levado pelo que acreditamos ser "um delírio", Reich mesmo fabricou um aparelho (o acumulador de orgone) portátil, tubular e capaz de concentrar os fluxos, de dirigi-los em seguida ou de descarregá-los à vontade. Ele ia até sustentar que podia, por esse meio, regular o curso das nuvens, reduzir as atmosferas muito pesadas e suspender os furacões.

As camadas de material orgânico, segundo ele, absorvem "a energia", enquanto as metálicas as sustentariam e as irradiariam; assim, esse acumulador faz justamente grupos regularmente alternados desses materiais com as capacidades opostas. E, já que um dentre eles atrai o que o outro vai poder reter, ele pensa obter uma concentração graças à qual saberá também revigorar bem os lugares sem tônus, enquanto em outro lugar ele aliviará as altas tensões com as quais se abastecerá, donde os "*cloudbuster*" (os destruidores de nuvens) ou mesmo os *"dor-buster"* (*dor* derivando de *deadly orgone*, quando a atmosfera se torna opressora demais; e convém então aliviá-la rapidamente disso que nos sufoca).

Se se aplicasse o instrumento sobre corpos constrangidos, com a estrutura solidificada, a irrupção de emoções até então reprimidas seria favorecida. Não é preciso mais, seguramente, para lançar dúvida sobre essa biofísica que cai na extravagância.

Outro excesso descontrolado: em sua obra sobre *O assassinato de Cristo*, Reich se engaja em vastas considerações de história religiosa. Em uma palavra, ele pretende demonstrar que Cristo concretizou a vida em si, a plenitude alegre e quase solar, a fusão genital. Ele luta como herói por uma humanidade subjugada, em favor de todos os que estão aprisionados em seus órgãos e que perderam toda espontaneidade. Os sistemas sociais (o patrocentrismo) deviam se opor a esse libertador, donde sua inevitável perseguição, o avanço da velha moralidade, a glorificação de um pai onipotente, o triunfo da dessexualização e a ascese.

"O sentimento que ele (Cristo) tem de Deus é muito diferente daquele dos escribas e dos talmudistas. Estes perderam o Deus vivo em si mesmos... Deus é para eles um Deus estranho, colérico, duro. Outrora, ele os castigou expulsando-os do Paraíso. Depois, ele colocou diante da entrada um anjo que trazia um gládio inflamado."[30]

Em suma, o cristianismo apressou-se em voltar à Lei: o corpo radiante foi substituído rapidamente pela carne, fonte de pecado e de perversidade. A história cultural nasceu desse combate.

É verdade que Freud, sobre esse ponto, o havia amplamente antecipado, mas renunciemos a transcrever essas loucas considerações para conservar somente o "nó duro" dessa biopsicologia.

Com Reich, o corpo deve então ser concebido como o teatro de uma guerra impiedosa entre a ordem e o desejo (ou a energia orgonômica). Reich visa, aliás, menos ainda ao ato sexual que à ampliação e à circulação libidinal tanto ascendente quanto descendente, a fim de que seja suprimida toda estase, assim como as

---

30   W. Reich. Op. cit. p. 43.

crispações ou compressões. A neurose ou a inadaptação alojam-se, de fato, na musculatura estendida e defensiva.

A sociedade, as ideologias autoritárias, o biopoder, a educação, todos impediram ou impedem o que a família já imobilizou em seu benefício: seguem-se a isso a rigidez e os numerosos entraves que marcam o corpo a ferro em brasa.

O antropólogo pretende libertá-lo: então, a consciência do corpo poderá, enfim, coincidir com esse corpo da consciência; será posto fim à quebra e aos bloqueios.

A família, agente maior da disciplina, aceita somente o casamento monogâmico e consagra a sexualidade (a genitalidade) apenas à reprodução, a fim de proteger a herança e a autoridade.

Marcuse, em *Eros e civilização*, retomará e ampliará os temas reichianos: ao oposto da lógica da dominação, a que estabelece Prometeu como o herói da modernidade (o culto da produtividade, da indústria e do trabalho obstinado), ele exalta Narciso e sobretudo Orfeu: "O princípio do prazer não foi destronado unicamente porque ele trabalhava contra o progresso da civilização, mas também porque ele trabalhava contra uma civilização, cujo progresso assegura a sobrevivência da dominação e do labor."[31] Mas Marcuse reconhecia, mais do que Reich, os limites ou as dificuldades da libertação sociocorporal: as vítimas trabalham elas mesmas para seu esmagamento. Elas, que tentam, primeiramente, escapar da tirania pelo assassinato simbólico do pai, são atingidas em consequência pela pior das patologias, a da culpabilidade: elas restauram, então, "a dominação" sob uma forma interiorizada; o corpo sai disso cingido por interditos. "Ao mesmo tempo que o princípio de realidade se enraíza, mesmo sob sua forma mais primitiva e mais brutalmente imposta, o princípio de prazer se torna alguma coisa de assustadora e de terrível; as pulsões em direção a uma satisfação livre se chocam com a angústia, e essa angústia torna necessária uma proteção contra essas pulsões."[32] A prisão torna-se a fechar sobre o sujeito, e o corpo não chegará a se desalienar.

31   *Éros et civilisation*. Éd. de Minuit, 1963. p. 46.
32   *Éros et civilisation*. p. 67.

Reich, mais terapeuta que sociólogo, antes de nos salvar, pretende circunscrever a doença corporal: a principal fratura que a define separa o alto do baixo, obstruindo, por definição, as trocas entre eles, e então a alegre flexibilidade à qual Reich quer que possamos aceder.

Se duvidamos dos meios empregados para chegar a essa liberação neuromuscular, o fundador da biodinâmica não renovou menos a inteligência das atitudes deles; ele nos ensina a apreender, na superfície, os distúrbios emocionais e existenciais que aí se cristalizaram. Fórmula inolvidável: "É preciso sempre tomar como ponto de partida a superfície."[33] "Na prática, o comportamento do doente, sua maneira de falar, sua mímica, sua vestimenta, seu aperto de mão não são somente negligenciados, mas frequentemente esquecidos! No congresso de Innsbruck, Ferenczi e eu, independentemente um do outro, colocamos o dedo sobre o alcance terapêutico desses elementos formais."[34]

Que nos ensina a superfície psíquica? Reich examinou, em detalhes, sobretudo "os círculos" (ele conta sete) de proteção mórbida, que, da cabeça aos pés, se opõem à unidade harmoniosa assim impedida: eles correspondem aos antigos territórios embriológicos e reatualizam a primeira metameria.

Sobre esse assunto, nós nos regozijamos, de nossa parte – no caso em que a concepção reichiana seria válida –, pela identificação, ao menos da superposição, do corpo "objetivo" e do "libidinal", tão frequentemente separados. Não saberíamos habitar vários corpos ao mesmo tempo: nosso corpo, embora múltiplo, permanece "um".

Evocaremos somente as duas principais "barreiras", aí onde se desarticula mais nitidamente a união, aí onde o ego se separa em geral de seu próprio corpo.

a) O sujeito, deitado, na medida em que deve, pelo fato dessa posição, intensificar a defesa contra a subida instintual, corre o risco então de tomar uma "posição em arco" que lembra o opistótono

---

33   Reich. *L'Analyse caractérielle*. Trad. Payot, 1971. p. 45.
34   Idem. p. 45.

(de *opisthen*, para trás). Os músculos extensores se contraem – os das costas principalmente – a tal ponto que o corpo inteiro repousa sobre seus calcanhares e sobre a cabeça, esta estando virada para trás. Pernas e braços se estendem ou caem. Mais sumariamente, assiste-se então a uma verdadeira ruptura, a que as histéricas gostam, totalmente ao oposto da "forma arredondada": neste último caso, o corpo tende então para a autoaproximação (o alto e o baixo), não para se encerrar ou se fechar sobre ele, mas a fim de conseguir uma espécie de junção ao mesmo tempo simbólica e psicofisiológica, isso por meio de um ritmo lento de tensão e depois de relaxamento (carga e descarga). As duas extremidades do eixo humano – de resto semelhantes – chegam então a se aproximar, em vez de se torcer, de se separar ou de se ignorar (cf. figura 2, adiante).

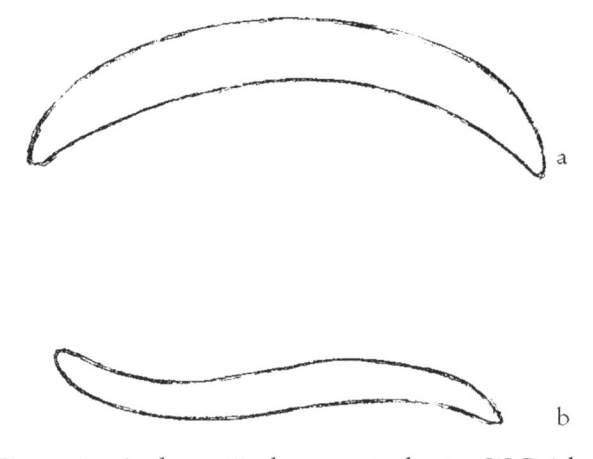

Figura 2 – *As duas atitudes comentadas por W. Reich*:
    a) a não encouraçada,
    b) a da "retenção" (na direção do opistótono).

O essencial da terapêutica consistirá em quebrar essa constrição espástica, no nível da articulação lombossacra, a da musculatura raquidiana, a fim de que possa atuar uma espécie de restauração unitária, ela mesma favorável ao "autossentir" (e não é preciso disputar demais com certo narcisismo).

b) O outro lugar em que nos detemos, onde se instala preferencialmente a crispação, se situa no diafragma: a respiração livre se encontra comprometida, na medida em que esta implica a mistura entre o alto e o baixo – um alto que o sujeito vigia demais e um baixo que ele deseja rejeitar (a cisão). Uma oxigenação franca implica o desdobramento, não o encolhimento; convém considerar suas "entranhas" e também permitir a entrada do mundo em nós (a penetração). O neurótico imobiliza seu peito, recusa a onda que o percorre, bloqueia seu tórax.

Aqui ainda, a terapêutica psicocorporal é lógica: é preciso reaprender, aceitar pouco a pouco as ventilações profundas, quase viscerais, sobretudo bem ritmadas (a sucessão das expirações e das retomadas). As emoções encarceradas no corpo poderiam retornar à superfície por meio desses exercícios libertadores: o neurótico retomaria sua história ou o traumatismo que o enrijeceu.

Mas nós não pretendemos expor a teoria ou a terapêutica de Reich; queríamos apenas apresentá-la sucintamente.

Nós lhe devemos pelo menos três inovações de importância:

1) Reich não se baseou nos "dizeres" do paciente, no verbal (o famoso logocentrismo inextirpável).

As palavras desviam em demasia os verdadeiros problemas do vivido e constituem, sem dúvida, o mais sólido dos "sistemas de defesa" enquanto o corpo, se o devolvemos a ele mesmo e o obrigamos a silenciar, não consegue velar facilmente aquilo que o desequilibrou ou marcou.

"Quando aprendemos a investigar a linguagem da expressão biológica... o organismo de tal paciente exprime a ocultação de algo. Os ombros parecem puxados para trás, o tórax erguido, a atitude do queixo é rígida, a respiração superficial, a parte inferior das costas arqueada, a bacia parece cava, como se não tivesse vida, as pernas são rígidas: eis a atitude geral da retenção".[35]

Nessa tensão-retenção, o paciente não para de secionar seu próprio corpo: ele o apresenta enrijecido, ou, então, segmentado,

---

35   Reich. *L'analyse caractérielle*, p. 306.

para melhor dominá-lo. Ele se dissocia fisicamente. O médico procurará contrariar essas cisões.

2) A psicologia deu excessiva atenção ao alto do corpo humano (o rosto); vemos, nisto, um resto do mentalismo. Inversamente, Reich iria se preocupar mais com a coluna vertebral ou com os músculos de sustentação, ou seja, com aquilo que melhor escapa à vigilância do ego.

Um dos seus discípulos, Lowen, orientou-se até para "o ainda mais baixo", desce até os pés; entendemos, aí, o que condiciona o contacto com o solo, a base, o equilíbrio, a implantação.

"Começamos pelas pernas e pelos pés porque constituem a base e o suporte da estrutura do ego. Mas eles têm outras funções. São, entretanto, nossas pernas e nossos pés que permanecem em contato com uma realidade invariável de nossa vida: a terra ou o solo. Dizemos de uma pessoa que ela 'tem os pés na terra'. O oposto, 'estar nas nuvens', denota uma falta de contato com a realidade".[36]

Naturalmente, o tratamento invariável consistirá em "restabelecer, no paciente, a consciência das suas pernas, dos seus pés, do solo".

Reich e Lowen não deixaram de observar também, de passagem, frequentes discordâncias, uma assincronia entre os movimentos do tronco e das pernas. A pessoa caminha, então, com rigidez, ao passo que seus braços balançam desordenados (uma cisão cinética).

3) Afinal, talvez pela primeira vez, o "vegetativo" (onde entra o genital) adquire direito de presença; ele conheceu, no passado, certa exclusão ou desvalorização pelo fato de assegurar uma função comum às plantas e aos animais. Ele nem sempre estava bem integrado.

O eu finca raízes nele; daí a importância que Reich dá à lei fundamental, inerente à vitalidade básica, a das pulsações regulares e do peristaltismo que se segue, as oscilações ritmadas de "fechamento-abertura" ou, ainda, de carga-descarga, uma espécie de respiração visceral profunda.

---

36   Lowen; Alexander. *Le langage du corps*. Tradução de 1977. p. 95.

Em resumo, afastar as palavras tantas vezes mentirosas, minimizar o rosto demasiadamente arranjado e vigiado, descer ao que se situa mais em baixo, assim Reich nos permitiu explorar um corpo novo, sem negligenciar o fato de ele ter realçado "o relaxamento", indo de encontro à hipertonicidade e às crispações patológicas.

Nós nos libertamos com facilidade menor do que pensava Reich. Ele só atacou os sintomas mais evidentes; não chegou até a causa. Nem por isso deixou de abalar o sistema que também nos aprisiona e permitiu a famosa circulação "orgonótica".

Nunca o "corpo do interno" em suas lutas consigo ou contra si foi tão bem reconhecido. E ninguém melhor que Reich conseguiu discernir, no externo, a interioridade pulsional (o interno).

Se não devemos renunciar nem aos gestos bruscos (qualificados de sintomáticos) nem ao fundo da voz, nem ao olhar, não deixamos de considerar o corpo inteiro, no seu simples posicionamento, que se exprime em multicontrações (uma situação suspeita e contraditória: o desejo e sua inibição) e em contrações ou relaxamentos não menos expressivos (movimentos imóveis, uma rigidez sustentada, ou, ao contrário, o abandono).

Chegamos a acreditar, cada vez mais, que "nosso inconsciente" se situa no exterior, a céu aberto, e que ocorre com ele o mesmo que relata E. A. Poe, em *A carta roubada*[37] (para ele, a melhor maneira de dissimulá-lo consiste em exibi-lo).

---

37   Nota do Revisor: E também Jacques Lacan que fez da carta roubada depois uma leitura muito conhecida – a carta, a letra, figura o simbólico, que ordena o inconsciente humano, estruturado como uma linguagem.

Capítulo 5

Corpo e Sociedade

O corpo venceu duas dificuldades. Resumindo: a) como nele pode subsistir a globalidade, já que ele se distribui em segmentos e em territórios especializados, de forma a evitar a homogeneidade indiferenciada? (O todo e as partes). b) Como ele pode conciliar interioridade e exterioridade que ele não separa, ou, ainda como dispor a interioridade (o eu) no exterior, sem perdê-la?

Penetramos, agora, no exame de uma terceira proeza: nele ou por ele a natureza e a cultura se conjugam a ponto de não mais podermos separá-las. Como é possível ser "uma espécie de base resistente" quando o social nos atravessa e somos por ele levados?

Resulta um corpo fortemente plural, difícil de ser concebido, por esse próprio fato. Além disso, no interior de cada um desses momentos ou registros, o corpo também se desdobra: assistimos anteriormente ao fato de uma autoagnosia (uma "anosognosia") ocorrendo quando o paciente não paralisado, mas, tendo sofrido uma lesão no hemisfério direito (a região parietal), passou a ignorar a metade do seu próprio corpo. Ele não mais irá usá-la. Embora essa metade tenha conservado sua integridade neuromuscular, deixará de existir por não ser conhecida ou reconhecida pelo centro somatossensitivo. Não vemos aí, na complicação inútil, uma negação de tipo histérico, mas tão só um distúrbio de um corpo objetivo no corpo objetivo.

É até possível assistir a um desprendimento ainda mais sufocante, não mais no perímetro desse corpo objetivo, mas na sua periferia (a autoscopia): o paciente vê, então, seu "duplo", um fantasma real; ele deixa, por exemplo, sua cama porque um outro, estranho, acaba de tomar seu lugar e o incomoda. Mas esse "outro" (devido à extrema dissociação) é ele mesmo: os dois corpos objetivos conseguiram a separação fantasmática.

O libidinal, por sua vez, se divide em dois: o erótico, que envolve todo o corpo (especialmente o orificial) e o genital.

Ora, o cultural virá juntar-se a eles, envolvê-los e escondê-los, a tal ponto que, doravante, todas as linhas se embaralham: assim, o adolescente em desequilíbrio (o corpo por si), devido a distúrbios somáticos (o corpo em si), acaba por enxergar-se através dos olhos de outra pessoa (o corpo para outrem), alarmando-se com seus próprios dismorfismos; ele se vê demais pelo olhar dos outros e acaba por perder sua segurança, suas certezas.

Dessa incidência, nasce outro corpo: os outros me veem e eu me vejo um pouco como eles me veem. Esse olhar cria uma situação confusa, na medida em que o cultural e o social se refletem em mim, interferindo nas minhas próprias representações.

Por fim, não sabemos mais onde se encontra o corpo; ele é nós mesmos, e também é o que os outros decidem. Ele é "uma coisa", mas é também o meio do desejo, o que me permite alcançar (a sedução, a ameaça, a submissão). Tudo se mistura: o corpo entra no indecifrável. No limite, ele é até um ser que só vive, de forma contraditória, de seu próprio aparecer. Reconheçamos, pelo menos, que há nele tantas linhas e camadas que não poderemos alcançar o fim!

Tentamos, todavia, discernir esses diversos estratos para entender melhor, ainda que de forma limitada, suas interpenetrações.

* * *

Chegamos a esse cultural. Mas onde fica a fronteira entre o "corpo em si" (o que ele é, com seu peso e até sua falta de jeito, com sua permanência, já que não o deixaremos) e aquilo que ele se torna, ou, ainda, entre o inato (o genético) e o adquirido?

Por suas evoluções e sua maleabilidade inigualável, não há nada que não vacile. Por conseguinte, devemos renunciar a um corpo imutável, pois não conseguiremos estabelecer a divisão que desejamos, entre o "em si" e o "para outros" (o acrescido, às vezes, o imposto).

1) Até as dimensões mais notáveis, como a altura que só mede os limites externos, apenas o envoltório segundo o eixo vertical, oscilam e mudam notavelmente com as épocas.

Alguns números comprovam o que dissemos: a altura dos recrutas com 20 anos era de 1,65 m, em 1880; de 1,68 m, em 1940; de 1,70 m, em 1960; e de 1,72 m, em 1974. A concepção positivista e estritamente mórfica enfrenta, aí, uma derrota: ela acreditava encontrar referências regulares e quantificáveis.

"Esse fenômeno é cada vez mais rápido. Está excluído que essa variação tenha causas genéticas: só as influências do meio ambiente (quais? Só podemos responder fazendo conjecturas) puderam intervir em um intervalo de tempo tão curto."[1]

Nossa própria fisiologia conhece tais instabilidades em função de inúmeros fatores, todos ligados ao ambiente. O biólogo dissimula ou minimiza essas variações, quer por serem incômodas, quer pelas reduzidas diferenças; entretanto, elas se acumulam, com o passar dos anos. É preciso renunciar, portanto, a um "homem médio" constante.

Foi esse, diga-se de passagem, um dos méritos da filosofia da biofisiologia de Georges Canguilhem: ter despertado a existência de tais diferenças que a biologia da normalização e da uniformidade buscava apagar. Resultava, aliás, outra compreensão da vitalidade ou da ação do corpo objetivo (capaz de normatividade). Acrescentemos, ainda, para dar maior peso, que uma ciência evoluída se reconhece por esse critério de considerar aquilo que se tende a desprezar, a dar maior importância aos dígitos situados depois da vírgula (as menores desigualdades métricas).

2) O volume e igualmente o peso, em que pesem as regras que pretendem fixá-los, se escondem; dependem menos de determinantes somatomateriais que de fatores psicossociais.

---

1   Jacquard. *Eloge de la différence* (Elogio da diferença). Le Seuil, 1978. p. 97.

Primeiro, a obesidade encontra-se com maior frequência nas camadas menos favorecidas, em parte por causa do regime alimentar (que é também o mais econômico, o mais barato) mas que implica, ele próprio, "medo de faltar" (daí uma procura voraz) e, principalmente, a busca de prazeres primitivos, fáceis e seguros, em meio a uma vida rude, quando não atormentada (daí a regressão oral).

O que tende ainda a prová-lo – e nos inspiramos nas análises de Marc Alain Descamps (*L'invention du corps*, A invenção do corpo. PUF, 1968) – é que nas sociedades antigas, nas quais ainda reinava uma relativa penúria, eram venerados os corpos gordos, ventripotentes, repletos ("símbolos do poder e da supremacia"), enquanto nossas sociedades produtivas, com abundantes reservas alimentares (grandes colheitas e meios de armazenamento que permitiam a conservação em bom estado), podiam e até deviam celebrar corpos esbeltos e fluidos. A manutenção homeostática, em lugar de ser confiada a um organismo pesado e limitado, foi transferida para técnicas de estocagem e de garantia.

A evolução dos meios de aquecimento poderia ter favorecido o emagrecimento, tão exaltado nos dias atuais: antes eram necessários grandes aportes energéticos (o combustível interno) para poder suportar os rigores dos invernos nevosos, quando a lenha e a chaminé mal aqueciam. As calorias queimadas internamente supriam a falta de calor que os fogões demasiadamente rudimentares não propiciavam. Era necessário, então, recorrer a um "fogo interior".

O higienista também trabalha em vão, a nosso ver, quando determina, de modo excessivamente categórico, "o peso de saúde" que corresponderia, para determinado organismo, ao valor que deveria limitá-lo:

$$\text{para o homem}: P - T - 100 - \left[\frac{T - 150}{4}\right]$$

$$\text{para a mulher}: P - T - 100 - \left[\frac{T - 150}{2}\right]$$

O fisiologista-dietetista procurou determinar, de modo melhor que pelos números acima, os limites entre os quais nossos pesos evoluem. Sob essa ótica, o homem se comportaria como o animal. Começamos, de fato, experimentando em ratos, a fim de descobrir os limites da faixa em que se situam: ratos subalimentados emagreciam até um peso mínimo que não diminuía, embora continuasse a privação. Inversamente, superalimentando-os, não ultrapassavam um peso máximo (eles eliminariam, certamente, os excessos através de uma perda de calor e poderiam, assim, se estabilizar).

É visível que o corpo tende a suprimir tudo que o ameaça (tanto por falta como por excesso). Mas, supondo que pudéssemos fixar os valores das rações de abundância e de pauperismo, eles forneceriam apenas resultados bastante vagos; só podemos ter precisão contentando-nos com os marcos do mais e do menos. Voltaremos, aliás, à conduta alimentar que só desejávamos livrar das mensurações: elas só encontraram fracassos.

A regulação ponderal passa, aliás, pelos mecanismos cerebrais (o hipotálamo controla tanto a fome quanto a sede), que, por sua vez, dependem do córtex, ou seja, de um conjunto ideal ou existencial. Ganhar ou perder peso não se reduz a um simples consumo energético ou a uma conduta alimentar rigorosa.

O próprio emagrecimento não se confunde com o adelgaçamento. Quando a distribuição das reservas no corpo é uniforme, ela é mais aceita. Se, pelo contrário, o ventre, as ancas ou as nádegas concentram maiores quantidades de reservas, dá-se uma alteração da silhueta mais que um aumento de peso. Outra pessoa observa esse fato: a imagem do corpo e, então, dele se ressente. "O corpo visto pelos outros" repercute no "vivido" (daí, pois, a desvalorização) e eventualmente impele este último a transformar "o objetivo", na procura do aspecto filiforme. Tudo isto ilustra bem a imbricação ou a interação das diversas representações somatossociais.

3) M. A. Descamps compilou pessoalmente os numerosos meios que transformam os lábios, as orelhas, os pés, os órgãos sexuais... etc., e também expôs os motivos dessas alterações:

"O volume do crânio também pode ser modificado pela modelagem da caixa craniana. Realizou-se isto por meio de bandagens aplicadas precocemente na cabeça de recém-nascidos, resultando geralmente no deslocamento da massa do crânio para trás. Para os que defendem esse costume, isto parece alongar a cabeça, dando um ar de inteligência; os que se opõem só vêm um achatamento do alto da cabeça. É um costume muito antigo e muito difundido".[2]

Isto é apenas uma amostra: nenhum órgão, da cabeça aos pés (inclusive), resiste aos remanejamentos exigidos pelos rituais.

Nem a altura, nem o volume, nem os elementos (um a um) escapam das pressões modificadoras (o corpo-barro). O antropólogo também se ilude quando persiste em querer separar "o em si" de "o para outrem".

É verdade que, no lugar de contar com dados estáticos, pouco sugestivos (como a estatura ou o peso), voltou-se para dados mais ricos e mais móveis, como a linguagem universal das emoções. Na medida em que essa linguagem seria comum a todas as sociedades, corresponderia a uma manifestação quase natural.

Darwin até abriu esse caminho. Ele distinguia no corpo a atuação de três princípios invariáveis (uma espécie de gramática perceptível tanto nos animais quanto nas crianças):

a) o da utilidade (a careta raivosa significa o impulso daquele que vai morder);

b) o da antítese: o cão se deita no chão quando reconhece o dono, tomando uma postura oposta à de ataque;

c) por último, o de um simples escoar de uma energia abundante, pois a emoção não impede a difusão.

Existe, ainda, uma compreensão imediata da mímica facial, resultante da ligação entre os movimentos musculares (os da face, notadamente) e os pulsionais. Darwin defendeu essa tese do psicocorporal, em oposição às teses culturalizantes que a relativizam.

Não se trata de um assunto simples. Jean-Didier Vincent parece adotar essa visão: "Malgrado o 'sorriso cruel' dos asiáticos,

2   M. A. Descamps. *L'invention du corps*. PUF, 1986. p. 100.

convocados para reforçar e sustentar as teses culturalizantes, ninguém duvida, hoje, da universalidade das expressões das emoções. As mesmas contrações musculares refletem a raiva, a surpresa ou a repugnância nos diversos povos. A leitura da emoção é a mesma, qualquer que seja o rosto ou a cultura considerados".[3]

O teórico das paixões se refere aos trabalhos experimentais de Paul Ekman. Esses trabalhos usam um estratagema conhecido: trata-se de julgar o poder evocatório de certos sinais pontuais (separados pela análise), ou, inversamente, de submeter "amostras distintas" a populações culturalmente diferentes.

Primeira prova: "Triandis e Lambert (1958) mostraram fotos de uma atriz a estudantes americanos, a estudantes gregos e a habitantes de uma pequena aldeia da ilha de Corfu. Nessa experiência, as pessoas deviam dar uma nota de 1 a 9 às fotos, conforme lhes parecessem agradáveis ou não".[4] Ora, os pesquisadores não teriam notado diferenças significativas entre os diversos grupos, embora "os estudantes americanos e gregos dessem notas mais próximas umas das outras do que os do meio rural". Segundo procedimento: "Sessenta rostos foram compostos a partir de quatro tipos de sobrancelhas, três tipos de olhos e cinco tipos de bocas, e foram apresentados a estudantes americanos, japoneses e turcos. As pessoas deviam dar uma nota de 1 a 7 aos desenhos, conforme achassem que correspondiam aos termos de uma lista de quarenta emoções. Assim como Triandis e Lambert, Cüceloglu constatou, pelos resultados que obteve, que existem tanto convergências quanto divergências entre pessoas pertencentes a culturas diferentes".[5]

O próprio Jean-Didier Vincent, algumas linhas depois das conclusões categóricas citadas acima, invalida-as, em parte: "(Esses resultados) não eliminam inteiramente a influência da cultura na expressão das emoções. É evidente que a educação, os ritos e as convenções podem atenuar, mascarar ou até exagerar a expressão de uma emoção".[6]

---

3 Jean-Didier Vincent. *Biologie des passions* (Biologia das paixões). Ed. O. Jacob, 1986. p. 345.
4 Paul Ekman. *La Recherche* (A Pesquisa), 1980.
5 Idem, p. 308.
6 Jean-Didier Vincent. Op. cit. p. 308.

Portanto, os próprios defensores do naturalismo hesitam ou se corrigem. E quanto às provas de Ekman elas pecam por várias simplificações. A leitura das mímicas foi, aliás, privilegiada, como ele indica, pelos indícios vocais ou fílmicos que acompanhavam, geralmente, a apresentação das fotos isoladas.

O contexto, os exercícios anteriores, as aprendizagens modificam os resultados. As lágrimas que poderiam rolar de forma visível significavam tanto a alegria quanto a tristeza ou o simples nervosismo.

E por que, afinal de contas, minimizar o fato, tão comentado, do " sorriso chinês" na raiva? Em resumo, a repartição entre o "em si" e o "para outrem" (o sociocorporal) não nos parece que possa ser garantida, pelo tanto que os dois se fundem. Para nós, o corpo exibe os dois. A concepção positivista considera-o demais como um "o que é", material, apenas mórfico, estável, ao passo que nele se inscreve a história quer do indivíduo, quer do grupo ao qual pertence (o corpo-sedimento ou palimpsesto ou, ainda, reservatório de sinais interiorizados).

Sem voltar ao aspecto médico, entramos em um desenvolvimento particular, destinado, porém, a sustentar nossa conclusão a respeito dessa inseparabilidade do biológico e do sociocomportamental.

É o motivo pelo qual o corpo do homem, até mesmo morto – o cadáver –, continua informando a quem o examina não tanto da presença nele da natureza, ou até da sua própria natureza, mas da sua inserção em uma comunidade que ele acaba de deixar.

A medicina dos mortos (medicina legal) ultrapassa o estágio de simples identificação (o exame tanatológico habitual). Ela reencontra, no corpo, as marcas ou os estigmas daquilo que o feriu e, também, seu modo de vida, suas atividades, seus gostos, sua profissão e os principais acidentes da sua história. Essa medicina legal preocupou-se principalmente com índices objetivos e mensuráveis, mas ela pode ir muito além.

Muitas vezes, a medicina legal trabalha apenas com fragmentos ósseos porque eles resistem e se conservam. Ela tenta recompor todo o indivíduo a partir desses fragmentos. Assim, ela confirma e renova as vitórias do exame morfoanatômico (o corpo em si, do qual já tratamos). A simples medida do fêmur (ou de outro fragmento) indicará a altura do homem ou da mulher (multiplica-se o comprimento por aproximadamente 3,5). Esse cálculo da estatura será ainda mais preciso e mais afinado se for possível contar com diversas peças (as vértebras, além do fêmur).

Mas esse trabalho de recapitulação, por mais incontestável e decisivo que seja (principalmente para o judiciário), ainda permanece demasiadamente inspirado pela abordagem de um corpo morto (um "em si" que não conservaria nada mais). Ora, todas as regiões do corpo, inclusive os ossos, foram impregnados pelos ritos ou pela história individual. Não limitemos esse corpo apenas a ele mesmo!

Aquele que percebe numerosas cicatrizes na cabeça orienta-se para uma provável epilepsia: o sujeito deve ter caído frequentemente, do alto e pesadamente (devido à perda de consciência). A partir daí, ele imagina, sem dificuldade, os efeitos psicossociais de tal deficiência; ele irá, até, recompor a estrutura dessa personalidade afetada por esse mal (os szondianos o informarão facilmente caso ele duvide dessas inferências ou, até mesmo, se não as perceber). Ele completa, então, a teia em que as marcas cranianas constituem o centro ou o disparador, ou seja, ele ultrapassa os resultados da simples autópsia.

Como não distinguir, também, a profissão nos restos anatômicos, ainda que degradados ou em via de desorganização? Por exemplo, quem carregou por muito tempo pesadas cargas no ombro direito desenvolve-o mais que o ombro esquerdo, ao mesmo tempo em que a cabeça se inclina para frente, não sem deformar a coluna dorsal (a parte cervical se curva para o lado oposto àquele em que se apoia a carga enquanto a parte média se torce em sentido oposto). Assim sabemos, com certeza, que o indivíduo carregou fardos. O camponês, obrigado (outrora) a trabalhar sempre curvado – o corpo dobrado – não pode deixar de ser como que projetado para frente. O esqueleto conserva as atitudes. A maioria das ocupações acaba esculpindo a carcaça óssea, aquela que o tempo não irá mudar. Voltamos, assim, ao corpo-argila.

Por fim, no caso mais desfavorável – o de um cadáver –, o psiquismo e, com ele, o profissional continuam sobrevivendo nele. Não deixaremos de levantar também as calosidades, as fissuras, o espessamento, as rugas e os vergões porque a pele assume o papel de suporte sensível, na interface do meio e do "eu" – documento que é, aparentemente, o mais pobre e o mais alterável, mas, também, o mais carregado.

Esse biopsiquismo permite, às vezes, voltar longe no tempo: "o corpo", paradoxalmente, dura mais que nossas ferramentas de ferro, que nossas construções metálicas ou que nossos monumentos mais bem preservados, ainda que ele se decomponha rapidamente (nas partes moles, é verdade).

Mirko Grmek mostrou, nesta perspectiva, tudo o que nos ensina a hiperosteose dos crânios exumados na Núbia, nas escavações de sítios greco-romanos ou encontrados em regiões onde viviam índios pré-colombianos do Peru: observamos áreas porosas dispostas bilateralmente, mais ou menos simétricas em relação à abóbada craniana; elas se situam essencialmente nos ossos parietais e no frontal. Na maioria dos casos, essa anomalia óssea deve ser relacionada com a talassemia, uma anemia especial (o termo talassemia resulta da contração de duas palavras: *thalassa*, o mar, e anemia porque essa anomalia afeta principalmente os habitantes das regiões à margem da bacia mediterrânea). Ela corresponde a uma alteração estrutural da hemoglobina. Pouco importa! Já sabemos por que e, até, do que morreram essas crianças cujos crânios foram desenterrados, a importância geográfica dessa afecção e suas numerosas implicações. Às vezes, chegamos até a conhecer-lhes o modo de vida.

O cruzamento das informações pode levar a resultados imprevistos, como este: "Obras de arte nos trazem um argumento inesperado a favor da presença da talassemia na Grécia nos tempos antigos. Examinando com finalidade inteiramente diferente... estatuetas de terracota do período helenístico, conservadas no museu do Louvre, tivemos a grata surpresa de encontrar várias cabeças de crianças com fácies mongoloides, apresentando os estigmas da talassemia... Essas cabeças, com o rosto inchado, o arco zigomático hipertrofiado, protuberâncias simétricas nas partes frontoparietais do crânio e afundamento da base do nariz assemelham-se... às das crianças talassêmicas homozigóticas da Grécia e da Turquia nos dias de hoje".[7]

As objeções chovem, porém, de todos os lados. Só consideraremos as duas mais decisivas, contrárias às nossas conclusões:

a) Não importa sobre que parte do mundo se inscrevem as influências que o marcam. Neste caso, o corpo não se singulariza.

No entanto, maleável, o corpo pode selecionar as influências, combatê-las ou delas escapar.

No caso da talassemia, o corpo a ela se opõe, bem ou mal, pois as deformações-excrescências ósseas correspondem a um hiperfuncionamento da medula subjacente que produz os glóbulos do sangue para compensar-lhes a fragilidade e a vida curta das hemácias em circulação.

A pedra, o metal e a madeira são inertes, só suportam ações, mas o corpo luta: a reação não deixa de desnaturar ou de transformar os tecidos. É verdade que aqui se trata apenas do corpo anatômico, mas nem por isso ele deixa de se inserir em uma área geográfica (o mar); na maioria das vezes, a modificação que ele sofre implica um *modus vivendi*.

b) Trata-se, entretanto, de uma afecção hereditária. Não será, então, a prova de um corpo mergulhado na natureza, natureza esta que pode cobri-lo e submetê-lo inteiramente? Nele, a genética é determinante (o corpo é, então, o destino e não mais a história).

Já encontramos a objeção (capítulo 3). Um verdadeiro dogma separou excessivamente o "soma" do "germe" ou, ainda, o individual do programático. Entre outros motivos suplementares de evitar essa falsa separação, lembremos, apenas, as conclusões daqueles que estudaram gêmeos verdadeiros (Diálogo entre Michel Tournier e René Zazzo): "O que chamou minha atenção, um dia, é que os gêmeos semelhantes não eram semelhantes. Paradoxal!

---

7   Mirko Gmerk. *Les maladies à l'aube de la civilisation occidentale* (As doenças no alvorecer da civilização ocidental). Payot, 1983. p. 397.

De fato, após um século lidando com gêmeos, postulamos que os semelhantes, semelhantes no tocante à hereditariedade, são semelhantes psicologicamente. Está criado o erro, alimentado pela semelhança fascinante entre eles. Um mesmo corpo, portanto, uma mesma alma. Ora, certo dia, escapei deste fascínio..."[8]

Não aceitamos, evidentemente, a ideia de uma alma independente do seu corpo para explicar a diferença entre os falsos idênticos. Preferimos uma hipótese mais plausível: achamos que o mesmo potencial (cromossômico) se altera, logo após o nascimento, pelo meio que nele se inscreve.

Reconhecemos, também, a existência de numerosas trocas entre os dois territórios, o "soma" e o "germe", o que relativiza o peso do inato. Em resumo, conservamos a tese de um corpo no cruzamento do natural e do cultural; o segundo tem uma importância tal que chega a eclipsar ou a reduzir os efeitos do primeiro.

* * *

Consequentemente, o corpo humano, diferente dos demais – menos dúcteis, muitas vezes impermeáveis às influências –, se empobrece quando lhe faltam estímulos. Ele entra, então, em um estado de degradação, ou até de demência, a *"demencia ex separatione"*, ou a decorrente do isolamento e da privação psicossocial.

As crianças selvagens – fórmula preferida da antropologia – chamam a atenção, de fato, pela pobreza de seus corpos, pela inércia que pode ir até a insensibilidade ao calor e à dor (a analgesia cutânea).

Victor do Aveyron, encontrado por caçadores em 1789, vivia nos bosques e se alimentava bem ou mal de nozes e de bagas. Ele foi submetido, após sua captura, a uma educação metódica, sob a direção do doutor M. C. Itard (que lecionava em uma escola para surdos-mudos). Esse médico estava convencido da possibilidade de uma "retificação" humanizadora, malgrado a opinião de Pinel, que qualificara Victor como um "idiota incurável".

---

8   *Le Paradoxe des jumeaux* (O Paradoxo dos gêmeos). Diálogo com Michel Tournier, 1984. p. 48.

Sabemos que o doutor Itard fracassou na sua tentativa, embora tivesse tido sucesso ao tratar de alguns retardados. Não conseguiu apagar o condicionamento animal de Victor nem preencher suas multideficiências. Victor faleceu aos quarenta anos. Ele só havia aprendido e retido três palavras.

Esta experiência psicopatológica, muito conhecida e comentada, suscita duas observações importantes:

1) De acordo com a primeira, parece que a posição bípede não é inerente ao homem, pois a criança selvagem (como Victor), sem contatos humanos até ser capturada (aos dezessete anos), continuará praticamente a andar de quatro ou, pelo menos, apoiando-se nos joelhos e nas mãos, mais ou menos inclinada para frente.

O que acreditávamos ser, desde Platão e principalmente Aristóteles, "a essência do homem" (a posição ereta) pressupõe, na realidade, uma modelagem cultural. Não estará, aí, a prova da impossibilidade de separar o inato do adquirido?

Imaginamos, para estabelecer a distinção, o cultural variável e relativo, enquanto o critério do natural seria a estabilidade e a universalidade. Ora, a posição ereta impede essa separação: em toda parte o cultural impôs essa marca invariável e mínima; ninguém pode escapar-lhe. Por outro lado, a verticalidade libera as mãos, o que assegura nossa supremacia.

A posição ereta foi suposta, erroneamente, como inscrita em nosso patrimônio biológico.

2) A segunda observação completa a primeira: de fato, essa interpretação foi contestada, para voltar ao ponto de vista de Pinel.

Vimos nessas crianças retardadas e tão desprovidas, malformadas de nascença, débeis profundos, por isso mesmo abandonados pelos pais. Não é mais por causa da privação do social que estão tão destruídas, mas é devido à idiotice incurável que a sociedade as rejeitou.

Deixemos de incriminar o sequestro ou a ausência de morfossocialização como responsável pela carência neurobiológica desses indivíduos! A tese "naturalista" aí se faz notar novamente.

Mas não podemos parar na interpretação: primeiro, esses infelizes adquiriram esquemas de comportamento animal do qual não conseguem se livrar (um bebê abandonado apenas à solidão, sem se ter inserido em um grupo ou matilha, sofrerá um retardamento menor, podendo passar por uma reeducação relativa).

Por fim, essas crianças-animais não deixaram de ter capacidades de adaptação: menos rejeitadas do que extraviadas, foram perdidas na floresta; em consequência de guerras ou de catástrofes, deixaram de ter contato com seus semelhantes, mas conseguiram sobreviver.

Preferimos esta explicação; com ela encontramos outra causa para sua existência diminuída: um ambiente não diferenciado e rudimentar comprometeu-lhes o desenvolvimento e chegou até a atrofiar-lhes a corporalidade que depende dos modelos que pudessem despertá-la e afiná-la.

O simples exame da substância cerebral confirma essa conclusão, malgrado o processo de verificação bastante grosseiro estabelecido por alguns psicopatologistas.

Trata-se sempre, para nós, de validar a orientação culturalizante e de liberar o corpo da atuação única do "em si". Ter-se-ia evidenciado, até em ratos (só é possível fazer verificações com animais, o que limita singularmente o bom fundamento da conclusão), colocados em um ambiente bastante rico (com objetos lúdicos e atraentes, uma multiplicidade de estímulos não agressivos, no interior de uma gaiola, permitindo deslocamentos e manipulações, assim como a presença de congêneres), que se fazem rapidamente distinguir, pelo temperamento vivo e hábil, dos que viviam em um meio restrito, como que truncado (ainda podem ver e ouvir outros ratos, mas ficam separados deles). Esse dispositivo teria acarretado, nos primeiros, um aumento do volume encefálico; os segundos, pelo contrário, devem ter tido uma redução (a atrofia relativa).

O córtex se parece com uma floresta neuronal, uma vegetação de moitas. Conforme o que o anima ou solicita, os ramos (as conexões) crescem e proliferam. Os circuitos reticulares se multiplicam. O córtex fica mais denso, até mais pesado (devido ao crescimento e às multiassociações).

Não vamos cair na armadilha bastante grosseira que seria a definição do homem pelo seu volume encefálico. A capacidade craniana só considera o quantitativo, o que inclui a substância branca e, especialmente, os tecidos de sustentação. A quantidade de neurônios importa menos que sua distribuição e as conexões entre eles.

Não obstante as graves restrições que pesam sobre esse tipo de avaliação – o volume e, principalmente, o peso do cérebro –, ela merece ser considerada e acrescentada aos outros argumentos.

Os experimentadores foram até um pouco mais longe: ratos mais velhos que outros foram obrigados a conviver com eles. Desejava-se avaliar, com o mesmo dispositivo, os benefícios exatos da vida em comum. Constatou-se, novamente, que o peso do córtex dos mais velhos teria aumentado sensivelmente com as interações comunitárias, até acima do aumento observado nos mais jovens, mas todos, jovens e velhos, teriam sido beneficiados pela coexistência.

Trata-se, no caso, de animais com flexibilidade e plasticidade reduzidas, talvez quase inexistentes. No homem, as coisas ocorrem de modo muito diferente. As trocas regem sua fisiologia e, até, sua organologia. O corpo e a sociedade se determinam mutuamente.

* * *

Um breve exame psicofisiológico da sensitividade deveria acabar de nos convencer da historicidade do corpo humano.

Sejamos esquemáticos: nas operações mais significativas o corpo ou recebe (a sensibilidade) ou responde (a motricidade). O sensório-motor constitui a base da corporeidade.

Deixaremos de lado a "ação" no homem, assinalando, porém, que nele essa ação encontrou o maior desenvolvimento: é ele quem manipula melhor os objetos, pelo simples fato de o polegar ser oposto aos demais dedos. O animal também possui dedos, mas não uma mão. Além disso, a mão ocupa, no homem, uma área (cerebral) maior, o que a privilegia muito (notadamente o polegar, mais importante que todo o resto).

Essa possibilidade de deslocamentos e de operações manuais não deixa de evoluir, à nossa vista, ainda que muito lentamente.

Por quê? Se habitamos um edifício, por exemplo, usamos o elevador e não uma escada ou a escadaria do prédio. Por todos os lados, as tecnologias do "apertar-botão" substituem ou eliminam a obrigação de caminhar ou de realizar esforços musculares: elas agem no sentido de elidir o corpo. O querer dispensa o mover. A longo prazo, essa situação não irá transformar nossa anatomofisiologia?

Mas fiquemos apenas na sensitividade; ela conheceu uma verdadeira explosão.

O mundo moderno não cessou de intensificar e de remanejar nossos aparelhos que captam a informação. Simmel já o observava (*Essai sur la sociologie des sens*):[9] "Antes do crescimento que tiveram os ônibus, os trens e os bondes, no século XIX, as pessoas não tinham oportunidade de ficar, por escolha ou forçadas, minutos ou, até, horas seguidas olhando-se reciprocamente, sem falar. Os meios modernos de comunicação facultam, muito mais, ao sentido da visão a maioria de todas as relações sensoriais de homem a homem..."[10]

Valéry, o filósofo excelso do nosso corpo e de sua sensibilidade, também notava, ao mesmo tempo em que com isso se preocupava: "O olho, na época de Ronsard (século XVI), se contentava com uma vela, quando não com um simples pavio embebido em óleo. Os eruditos daquele tempo trabalhavam muitas vezes, à noite, liam (textos de difícil compreensão) ou escreviam com qualquer luz bruxuleante. Hoje, o olho reclama vinte, cinquenta ou cem velas. O ouvido exige toda a potência de uma orquestra..."[11] Nosso ambiente tecnocultural provocou nossa inevitável remodelação.

Enquanto o animal, imutável, não conseguiu se libertar inteiramente de suas ligações rino-encefálicas e fica definitivamente fechado em uma receptividade das mais pobres – as do olfato e do paladar que aderem aos estímulos e aos próprios estimulantes –, o homem se libertou, pôde ampliar as capacidades tanto do olho quanto do ouvido.

---

9   **N.T.:** Ensaio sobre a sociologia dos sentidos.
10   Georg Simmel. *Sociologie et épistémologie*, p. 230.
11   Valery. *Œuvres*. Biblioteca da Plêiade. t. 1, p. 1.067, § Le bilan de l'intelligence (O inventário da inteligência).

A própria visualização acabou predominando. Ela caracteriza o homem das cidades, solicitado por um espetáculo permanente e intensificado, externamente, pelas ruas sempre animadas, pelas vitrines, pelos cartazes e, internamente, na intimidade do lar, por vidraças e por espelhos. Nasce, assim, um corpo novo; o corpo pelo qual me vejo, eu mesmo, com maior rigor que os outros. "O olhar sobre si mesmo e sobre os outros muda de escala e de ponto de vista. O espelho multiplicado e aumentado consagra a evolução. Tranquilizador, porque reúne a imagem e o corpo e simboliza a unidade refratada; terrível, porque reflete, implacável, o detalhe de tudo o que foge da boa aparência, do desejável, da saúde. A identidade corporal do indivíduo, desembaraçada das antigas regras, se constrói, doravante, através desse instrumento vital..."[12]

A dualidade entre os sentidos da necessidade e os da distância já se manifesta através da antropologia. O próprio Kant, em sua *Antropologia do ponto de vista pragmático*, tinha insistido nesta separação: "Três dentre eles (o tato, a vista, a audição) são mais objetivos que subjetivos. Os dois outros (o paladar e o olfato) são mais subjetivos que objetivos. Os três sentidos externos conduzem o sujeito, pela reflexão, até o conhecimento do objeto como algo externo a nós."[13] Entretanto, é a tecnosfera que iria garantir, no homem, a supremacia de uns em detrimento dos outros.

O defensor da técnica naturalista ou anistórica – a de um corpo considerado um imutável "em si" – poderá facilmente objetar, aqui, que o animal enxerga e vê muitas vezes melhor do que nós. Quem irá negá-lo? A ave de rapina distingue de longe (ainda que o odor o ajude) e do alto a presa com a qual irá se regalar, enquanto nós corremos o risco de não perceber nada.

12　Philippe Perrot. *Le corps féminin*. 1984. p. 87. A primeira edição tinha por título *Le travail des apparences ou les transformations du corps féminin – XVIIIe-XIXe siècle* (O trabalho das aparências ou as transformações do corpo feminino – séculos XVIII-XIX).

13　Kant. *Antropologia*. Tradução de Michel de Foucault. Vrin, 1970. p. 37-39.

O inseto não só olha em muitas direções ao mesmo tempo (graças a seus olhos facetados), mas, ainda, continua a ser impressionado na faixa do ultravioleta. Ele nos supera na amplitude do seu espetro ótico. Certamente, o homem corrige e interpreta os dados que observa pelo fato da extrema "corticalização", porque as áreas primárias e mesmo as secundárias da cerebralidade são revezadas por áreas terciárias e até por outras superiores; nessas condições, é provável que o homem identifique melhor e entenda o que o afeta.

Mas, considerando apenas a capacidade receptora, o inseto não irá igualar-nos, senão inferiorizar-nos?

Desde 1880, Lubbok[14] estudou de perto a sensorialidade discriminativa das formigas: como elas temem a luz, indício, para elas, da descoberta do ninho, Lubbok iluminou, então, o formigueiro, usando duas garrafas contendo líquidos coloridos (que nos parecem idênticos, portanto, não diferenciáveis), um dos quais absorve as radiações ultravioletas. Ora, as formigas se agrupam sempre debaixo da garrafa filtrando as radiações mencionadas, uma prova evidente de que identificam o que nos escapa!

Entretanto, essa superioridade pontual tem alto preço, ou seja, uma importante deficiência: embora vejam o ultravioleta, as formigas são cegas para o vermelho e até para o verde. Elas não ampliaram o espetro de suas capacidades receptoras, apenas o deslocaram; ele continua relativamente estreito.

Acreditamos que deva ser sustentada nossa tese de um homem mais bem armado – apenas no plano instrumental –, do qual se podem fazer registros que variam, principalmente, em função do respectivo quadro social.

Alguém duvidaria que nos contentássemos em assinalar que uma revolução mais profunda subverteu nossa sensorialidade? Não só ela se abriu aos distantes (pela audição e, principalmente, pela visão), como também acolheu qualidades sem referências a estimulantes (os sons de uma música que não lembram nada de

---

14   Tomaremos essa argumentação por empréstimo de Jacques Ninio. *L'empreinte des sens* (A impressão dos sentidos). Ed. O. Jacob, 1989. p. 42.

objetivo, diferentemente dos sons e das cores que nos afetam por si mesmos, em resumo, uma mutação estética que nos libera de nossos limites seculares).

Assim, tudo nos traz de volta ao corpo-argila. Os etnólogos foram os primeiros a percebê-lo: assim, Marcel Mauss iria encetar tanto a análise quanto o inventário do que ele denominava "as técnicas do corpo", isto é, as marcas que uma civilização apõe aos gestos ou às posturas mais elementares (dormir, correr, andar, lutar, agachar-se etc.). "A noção que deitar-se é algo natural é totalmente inexata. Posso dizer-lhes que a guerra ensinou-me a dormir em pé, sobre um monte de pedras, por exemplo... Os Massai podem dormir em pé".[15]

E Marcel Mauss acrescenta esta definição, que deve ser lembrada: "O corpo é o primeiro instrumento do homem e o mais natural ou, mais exatamente, sem falar de instrumentos, o primeiro e mais natural objeto técnico e, ao mesmo tempo, recurso técnico do homem, é o seu corpo".[16]

Entendemos por que o etnólogo goza de uma posição especial: o que há de mais visível em uma população cuja língua e costumes ainda ignoramos senão os gestos e as atitudes? Margaret Mead empenhou-se especialmente em fazer o levantamento de ambos.

A comunidade dobrou, portanto, "o somático" resistente a seus fins, modelando-o às suas finalidades. Ela lhe impõe suas normas (o biopoder). Se necessário, ela lhe dá as ferramentas indispensáveis para que possa ajustar-se aos cânones exigidos (cinta, espartilho, sutiã, ombreira, salto, peruca); ela o cobrirá de signos (tatuagens); ela o tratará (depilação) ou até o mutilará e o reduzirá (a cirurgia estética, no limite, realizada nos lábios, no nariz, nos seios). Antigamente, a sociedade não apreciava os ombros caídos, a indolência, causa da verdadeira guerra às costas curvadas e à postura relaxada (recorrendo, caso necessário, às correias ou ao colete ortopédico). Desenvolveu-se, portanto, uma pedagogia disciplinar.

---

15   M. Mauss. *Sociologie et Anthropologie*, p. 378-379, § Les techniques du corps.

16   Idem, p. 372.

A sociedade impõe não só um comportamento conveniente mas procura, principalmente, facilitar a vida civilizada, no sentido que ninguém deve, pelo seu próprio desenvolvimento (sem limitação ou comportamento), impedir o outro ou restringi-lo demais. Todo corpo tende a se espalhar; as regras da boa educação o obrigam a se conter. Convém, principalmente, vigiar e restringir tudo o que vem do interior (o orificial): quando bocejamos, é preciso cobrir a boca com a mão. Evitaremos, também, falar com a boca cheia (comendo com o mínimo possível de ruídos), a fim de limitar a abertura bucal. Assoaremos o nariz com discrição. Tendemos, assim, a anular odores e secreções, tudo o que emana do interno. Evitaremos contactos demasiado intensos e, até, o manuseio do que pertence a outrem: afastamos, de fato, o que reduz a integridade do corpo, enquanto protegemos seu território. Nada de proximidade excessiva, porque está excluída a promiscuidade. A contiguidade favorece demais a irrupção do instintual.

Quantas barreiras! A vida coletiva opõe-se à satisfação imponderada, aquela que traduz uma necessidade incoercível: não esvazie o copo de uma só vez, não se deixe desabar no assento! Cada um deve ser capaz de se controlar e de sair de uma posição, caso contrário, irá impor sua pesada presença e não poderá deixar o lugar a quem poderia dele se beneficiar. Maurice Pradines soube descrever esse combate incessante contra as exigências corporais: "Tudo é levantado do solo. Assim como o homem percebe sua bebida no copo e impõe uma medida antes de sorvê-la, não indo diretamente à fonte, nada pega sem erguê-lo até ele e só se rebaixa às suas próprias necessidades alçando-as até ele. Em uma cadeira, ele só está meio sentado; fica meio erguido, pronto a se levantar, por conseguinte ele já está afastado da necessidade que o alivia".[17]

Não poderíamos queixar-nos do domínio de uma interioridade parcialmente anulada e de um corpo superficialmente discreto; o social rege o libidinal.

---

17 *Traité de psychologie générale.* t. II, p. 341.

Usando a terminologia freudiana, podemos ver, nesse antagonismo, uma coloração "anal", por referência a um conflito anterior: a criança deve ter suportado, custe o que custar, os imperativos da etiqueta, da limpeza e da regularidade.

Mas a cortesia, mais circunstanciada, impõe certamente a recusa do visceral, da nódoa e da "falta de cerimônia". Vemos, na cortesia, menos uma reprimenda do que a justa obrigação de deixar espaço para aqueles que nos cercam e de limitar, portanto, nossas prerrogativas instintuais. Espalhando-nos demais, proibimos a vida dos outros.

* * *

O corpo sociocultural que abafa, ele mesmo, o pulsional, não se impõe brutalmente ao anatômico ou ao objetivo que ele dobraria sob seu domínio. Ele o ergue ao seu nível, com facilidade ainda maior porque, como sabemos, convém distinguir vários desses corpos objetivos; um deles (o ideomotor, o cerebral) integrou o outro e colocou-o sob sua dependência. Não aceitamos, pois, o corte entre o somático inteiro e o mental, pelo tanto que são inseparáveis: o somático se espiritualiza, ele próprio, de certa forma, e chama o condicionamento; a alma poderá resultar, sem esforço, dessa lenta elevação.

Devemos o entendimento desse feliz e inevitável enxerto (entre o corpo objetivo e o cultural) aos trabalhos de Pavlov, que escolheu, porém, como campo de estudo, o menos propício, aparentemente, nessa perspectiva (a baba). Lembraremos resumidamente seus princípios, pois eles nos ajudam a precisar essa sustentação do cultural no natural.

Ao contato com o alimento que está ingerindo, o animal secreta saliva (o reflexo absoluto). Mas, se o pedaço de carne for precedido por um som ou uma luz, o estímulo auditivo ou visual passará a ser suficiente para iniciar a operação digestiva (a salivação). Dessa forma, embora o alimento não venha após o sinal, o animal desencadeia uma verdadeira digestão; um segundo reflexo (condicionado) articulou-se ao primeiro.

Pavlov não parou de aprimorar e de completar essa descoberta fundamental: assim, uma luz precedendo o som, anunciando inicialmente o alimento, irá tornar-se um desencadeador associativo do resto, como se o animal antecipasse e usasse seu passado para preparar melhor o futuro alimentar. Essa análise iria, porém, reservar três grandes surpresas:

a) Quando Pavlov tentava verificar essa fisiologia, ele fracassava; não conseguia repetir no anfiteatro o que realizava no laboratório, ao lado. Ele entendeu logo o motivo: todo o ambiente participa da operação. Ora, o auxiliar (de laboratório) fora substituído por um assistente que segurava o cão; o estímulo fora, portanto, alterado. Incluía, além da sineta e da luz, o colaborador de Pavlov, o que explicava a brusca inibição.

b) O uso de sinais duvidosos, difíceis de discriminar, ou opostos entre eles (um círculo e uma oval) deixavam o animal em meio a uma violenta crise, quando não em uma apatia definitiva: ou o cão deixava de salivar ou, então, salivava demais. E não será possível retornar, depois, a uma fisiologia adaptada ou tranquila.

Pavlov soube fabricar estímulos mutuamente contraditórios. Ele não ignorava que produtos comestíveis desidratados provocavam uma salivação intensa e que, nos aquosos, a salivação era pouca ou nenhuma. Ele inseriu, então, em um pão ressecado, o aroma de salame ou de carne. Ele misturou ou associou os dois estimulantes.

De modo mais sutil: "Ao lado de um cão excitável e ávido, dá-se pão ressecado a outro cão, para comer: as glândulas salivares do primeiro, que, até então, reagiam vivamente à vista do pão, ficam sem reagir".[18]

c) Após uma inundação que revolucionou seu laboratório e perturbou a vida dos animais usados nas suas experiências, Pavlov iria observar o apagar definitivo dos condicionamentos anteriores; além disso, após esse traumatismo, o cão não se prestará mais à transfor-

---

18   Pavlov. *Œuvres choisies*, 1954, § La Psychologie et la Psychopatologie expérimentales sur les animaux (*Obras escolhidas*, § A Psicologia e a Psicopatologia experimentais em animais).

mação ou à abertura de seus reflexos. Em função de seu passado de miséria, ele passará a recusar o futuro, pelo menos, sua antecipação.

Mas não procuramos examinar o que facilita ou impede o condicionamento (a inscrição no corpo da sua própria vivência); só queremos apontar, aqui, a ideia de que uma pequena glândula digestiva não pode ser isolada, nem destacada do meio ao qual pertence. O corpo depende do córtex, assim como esse depende da experiência. É impossível concebê-lo fora de seus hábitos, não imerso no seu próprio ambiente (o mundo).

Entendemos melhor o peso das cerimônias ou dos usos. No caso presente – mas um movimento e o outro constituem apenas um único – não é mais o social que se inscreve no fisiológico, mas este que se impõe àquele e o obriga.

Propomos, segundo Pavlov, substâncias alcoólicas antes ou no início da refeição. Por que esse costume, quase ritual? "O álcool narcotiza ligeiramente nas primeiras etapas de sua ação; ele contribui, assim, para aliviar o homem do fardo de suas impressões da vida quotidiana".[19] Na falta de álcool, iniciamos a refeição com entradas diversas, com temperos preferencialmente ácidos, destinados, eles também, a despertar o apetite, quando não uma espécie de curiosidade digestiva. Convém desviar sempre as numerosas preocupações daquele que se senta à mesa, ou daquele que comeria com excessiva indiferença ou precipitação. É preciso favorecer uma fisiologia tanto mais laboriosa e comprometida, como observava Pavlov, uma vez que nas classes mais abastadas as pessoas têm pouco desgaste físico e, ademais, a alimentação sempre é oferecida em quantidades superiores às necessidades.

O fim da refeição não escapa do arbitrário, assim como o início. "O fim usual do jantar também se entende facilmente do ponto de vista fisiológico atual. Ele termina, em geral, com algo doce... O motivo provável é o seguinte: uma refeição iniciada com prazer, devido à necessidade do alimento, deve terminar da mesma forma,

---

19   **N.T.**: Pavlov, *Conferência sobre o instinto humano e o empirismo médico.* Ed. francesa. p. 114.

embora a necessidade já esteja satisfeita; o objeto desse saborear final é uma substância que quase não requer trabalho (o açúcar)".[20] De fato, não é preciso menos engenhosidade culinária para terminar a refeição do que para iniciá-la.

O condicionamento neurofisiológico dá conta dos preparativos e, através deles, de tudo o que os torna possíveis (a louça, os móveis sobre os quais ela está disposta, aqueles que dela fazem uso etc.). Afastamos para cada vez mais longe a natureza, a qualidade ou a intensidade do estimulante. No limite, o universo inteiro acaba por participar da atividade corporal, por menor ou mais quotidiana que seja.

É claro que uma função bastante mecânica – a salivação – não poderia ser analisada fora desse conjunto no qual ela se insere.

Assim, o anatomofisiológico e o cultural se favorecem mutuamente. Se este comanda geralmente aquele, como vimos, certas vezes o primeiro repercute também no segundo e lhe pede reforços.

O pavlovismo nos permitiu a compreensão do enraizamento, da simbiose entre os corpos que separamos, para analisá-los, um a um. Mas nós só os havíamos separado para podermos uni-los melhor.

---

20   Idem, p. 124.

Conclusão

Rumo a um Metacorpo

Já examinamos o corpo em sua multiplicidade, ainda que todos os pontos de vista que dele temos se interpenetrem e até se misturem. Nossa insistência nessa interpenetração já foi suficiente.

Lembremos que esse corpo conseguiu resolver as três dificuldades quase físicas às quais o submetemos: a) Como conciliar sua globalidade com a das partículas em que ele se segmenta? b) Como dispor a interioridade no seu próprio exterior? c) Por fim, como conceber o recobrimento do natural pelo cultural?

Mas, se deixamos a análise ou o reconhecimento de sua natureza estratificada, o corpo, por si só, suscita numerosos problemas que dizem respeito à sociedade, notadamente a dos nossos dias.

De fato, a cultura contemporânea tende, por muitos motivos, a afastá-lo ou, pelo menos, a diminuí-lo. Mais exatamente, desenvolveu-se, pouco a pouco, um metacorpo que vai tomando seu lugar. Surge, então, o problema de sabermos se não estamos assistindo à "morte do corpo" em proveito deste metacorpo tentacular e onipresente.

Convém opor-nos a essa evolução a fim de conservar o próprio corpo, bem ou mal, ou devemos tolerar sua exclusão, embora seja rápida e violenta demais?

Antes de tudo, qual é esse "metacorpo" que vem suplantando o corpo por toda parte? Não estaremos acrescentando, em demasia, mais um corpo àqueles que enumeramos previamente?

Notemos, então, em nossa defesa, que o próprio Valery não hesitava em contar três corpos distintos (*Problème des trois corps*), aos quais acrescentava um quarto ("Digo que existe, para cada um de nós, um quarto corpo que posso chamar de real ou de imaginário, tanto faz").[1] E esse quarto corpo de Valery assemelha-se muito àquele que nos propomos definir.

Nele, a máquina se integra; ele foi usado para constituí-la. Não terá ela afastado, ao mesmo tempo, a motricidade do psicofisiológico? Ela "trabalha" melhor que nossas mãos.

O artesanato tende a desaparecer, substituído por mecanismos. O homem aprendeu primeiro a observar e, em seguida, a decompor os gestos mais completos e mais hábeis. Em seguida, confiou os movimentos analisados a autômatos que podem executá-los de forma mais segura, mais possante, mais rápida e mais regular (sem falhas causadas por cansaço). Nosso corpo serviu, muitas vezes, para trabalhar na construção aquilo que iria substituí-lo.

A evolução não ocorreu, porém, sem dificuldades nem sem crises. A esse respeito, recordamo-nos, por exemplo, do que foi denominado "neurose das telefonistas": elas eram forçadas, pelo ofício, a uma situação de contradição total (sensorial). A telefonista recebia uma ligação e devia transferi-la para a pessoa chamada. Ela era obrigada a partir sua verdadeira sensorialidade em duas: de fato ela ouvia, reconhecia a voz, até tentava acompanhar, quando possível, a conversa, mas nunca via os interlocutores. Ou, ainda, ela ficava no meio de uma comunicação que ela possibilitava, mas da qual não se beneficiava. Sentia, então, uma dupla frustração, sem falar da cadência de trabalho que lhe era imposta, e isto se somava à insatisfação quase cerebral.

Antes dos mecanismos robotizados, o trabalhador foi incorporado aos aparelhos que o desequilibravam; no caso, o papel da telefonista de ontem era, dentro do mecanismo, o de uma simples peça de ligação.

No setor primário de produção, a usina conheceu várias fases inevitáveis: primeiro, veio o trabalho exclusivamente muscular; de-

---

1   J. P. Valery. Œuvres. Biblioteca da La Pléiade. t. 1, p. 930, § Réflexions simples sur le corps. Problème des trois corps (Reflexões simples sobre o corpo. Problema dos três corpos).

pois, subindo um nível, passou à atividade neuromuscular do tipo reflexo, como o da telefonista que multiplica as ações de ligação e, por fim, o trabalho cerebral (limitando-se ao manuseio ou à condução, ao controle, à modulação). Ora, essa última etapa conclui o que as anteriores haviam desencadeado: não mais a mutilação do corpo, mas a sua elisão. Ontem, com a mão de obra ainda explorada, no fundo o corpo foi pouco a pouco substituído pela energia domesticada e canalizada; ele se limita a dirigir ou a interromper essa energia. Caminhamos para a intelectualização das tarefas.

Na sua cozinha, por mais prosaica, a dona de casa ou a empregada não precisa mais descascar os legumes, limpar os utensílios ou, até, vigiar o cozimento dos alimentos. Múltiplos aparelhos assumiram as tarefas, todos eles programáveis (lava-louças, eletrodomésticos, micro-ondas); adeus ao *know-how* ou aos gestos seculares! O sistema industrial repercutiu no quotidiano.

Os instrumentos, muitas vezes construídos a partir de nossos gestos, corpos ideais, portanto, substituíram os manuseios naturais, assim como haviam feito as ferramentas. Por toda parte, assistimos à superação de nossa área motora.

Não ignoremos a diferença: a ferramenta executa a ação (recortar, furar, bater, apanhar etc.), ao passo que a máquina pressupõe, para sua construção, a decomposição prévia de nosso *modus agendi*, no qual ela será inspirada. Quanto à intermediária, a máquina-ferramenta, ela confere à ferramenta que manejamos uma energia que aumenta sua velocidade e multiplica suas possibilidades.

Nos três casos (ferramenta, máquina e máquina-ferramenta), o gesto fisiológico inspirou a construção; o corpo serve para fabricar aquilo que vai substituí-lo.

Quando nos voltamos para um domínio vizinho, quando pensamos ver a exaltação do fisiológico, continuamos, na verdade, a dispensá-lo e a combatê-lo.

De fato, o mundo moderno dá maior importância ao esporte que à ginástica. Essa foi preconizada, inicialmente, pelos gregos, de Homero até Platão; ela celebrava o corpo. "O vencedor supera os outros e os sobrepuja; ele não ultrapassa a natureza humana, ele

realiza a forma mais elevada dessa natureza, aquela que o assemelha visivelmente aos deuses".[2] Mas o esporte celebra apenas a com-
petição, a façanha, a violência e o desafio; importa que se amplie
o círculo de nossas possibilidades e que se realize o que era, até
então, impossível devido a nossos limites: correr mais rapidamente, carregar pesos cada vez maiores, saltar mais alto, lançar mais
longe. "O esporte dos modernos está ligado a uma filosofia mais
ou menos difusa ou coerente, a teoria do progresso... Ao mesmo
tempo em que aumenta seus poderes, transforma o corpo, aumen-
tando suas capacidades. Embora seja apenas um jogo, o esporte
modifica realmente o corpo".[3]

Seguindo os passos de Jacques Ulmann, assinalemos que
nada havia que prenunciasse essa evolução; o termo esporte já o
evidencia. Surge, de fato, por volta do século XIV, pelo menos na
língua francesa, o termo *desport*, que significa divertimento (a nota
lúdica). Mas, aos poucos, a palavra vai perder parte do seu antigo
significado. A cavalaria medieval tende, aliás, a desaparecer e, com
ela, afasta-se o universo aristocrático das armas e dos torneios (a
esgrima, a equitação).

Desenvolve-se, no século XVIII, além da valentia e do refor-
ço da saúde, a virilidade e a coragem. Não é, então, no momento
da industrialização (início de século XX), que o esporte começa a
se profissionalizar (o esporte-mercado) e que se propõe o sobre-
humano? O campeão deve conseguir o que nenhum corpo poderia ter realizado antes (a velocidade, o salto, o lançamento); ele vai
menos na direção do reconhecimento ou da exploração de nossas
capacidades do que na denúncia dos nossos limites. Surge um "outro corpo", o dos recordes e das superações sem fim.

* * *

O golpe de misericórdia virá principalmente com a ciência,
que irá consagrar sua desvalorização.

---

2   J. Ulmann. *De la gymnastique aux sports modernes* (Da ginástica aos es-
     portes modernos). Vrin, 1977. p. 335.
3   Idem, p. 336-337.

O vital, o que ressentimos e percebemos, serviu, por muito tempo, como referência; chegou até a nos fornecer imagens que frearam, porém, o conhecimento. Pensar vai consistir em escapar do domínio corporal e recusar suas sugestões. Em suas obras, Gaston Bachelard apresentou várias provas do desligamento necessário (*La formation de l'esprit scientifique*).

O que é ainda mais surpreendente, a inteligência de nosso corpo sofreu daquilo que lhe inspiraram o vivenciado e o familiar: eles projetaram sua própria sombra sobre a fisiologia. Quantas dificuldades não terá encontrado o biólogo para conseguir desembaraçar o novelo dos nossos funcionamentos reais!

Assim, a respiração foi concebida como uma vela acesa: é necessário o oxigênio para que ela se possa consumir. Igualmente, a chama da vida não pode continuar na ausência do ar que a alimenta. Somos semelhantes a um fogo latente (sem chama), o que explica nosso calor interno. Morrer acarretará o resfriamento.

Hoje, sabemos que o ar inspirado serve, apenas, para fabricar água e para nos livrar do hidrogênio, assim como dos outros resíduos metabólicos. Afastamos a visão romântica da chama e do "ar vital". Nós não ardemos.

Retomando a análise de Bachelard, a queima da própria vela falhou. Aquela que iluminava a página de Ronsard será substituída pela lâmpada elétrica de Edson. Antes, para produzir a luz da chama, era necessária, além do oxigênio que a alimentava, uma substância combustível. Verdadeira revolução: com a lâmpada elétrica – seu inverso total – será preciso combinar um filamento não inflamável com o vácuo. A técnica construiu o contrário material da vela! Isto ilustra o quanto é necessário renunciar aos primeiros dados (o fogo da vida, assim como aquele que nos iluminava no início).

Uma epistemologia dita genética acreditou, porém, na possibilidade de assegurar a passagem entre o vivenciado (nosso corpo) e o operatório lógico, mas não ficamos convencidos nem pelo método, nem pelos seus resultados. Não é preciso chegar sempre à "ruptura epistemológica" que quebra os conceitos antigos e, principalmente, o conjunto de imagens de origem orgânica (provenientes de nossos impulsos e de nossas pulsões)?

Jean Piaget nos dá, entretanto, a oportunidade de definir, com maior precisão, essa noção de "metacorpo", isto é, a superação do sensitivo-motor, ainda que ele se incline para uma passagem de um ao outro.

Exemplo simples, se é que existe algum: "A ação elementar é um processo de mão única, orientado para um objetivo, e todo o pensamento da criança pequena, que se reduz a uma interiorização dos atos, representados em imagens, permanece irreversível, na medida em que está precisamente subordinado à ação imediata".[4] O pensamento lógico (consequente, segundo, Piaget de operações ainda por vir) obrigará a criança a chegar, mais cedo ou mais tarde, a sistemas reversíveis "tais, que a cada operação corresponde uma operação inversa possível e que pode anulá-la". Nosso corpo não conhece tal equivalência, essa situação de ida e volta, porque ele não pode anular o que já foi elaborado; até a corrente dita de consciência foi metaforizada quanto ao tema de uma água que flui e, por definição, não pode voltar atrás, para montante. Fica prisioneiro, por toda parte, daquilo que vive e do que vê (porque vemos primeiro, aliás, o que a vida exige).

Jean Piaget relata um caso significativo deste ponto de vista, bastante próximo: "pede-se o sujeito (uma criança) para colocar, ela mesma, quantidades iguais de contas azuis em um copo A e de contas vermelhas em um copo B, ambos com mesma forma e dimensões idênticas... Pedimos à criança que despeje o conteúdo do copo B em um recipiente C com forma diferente (um copo mais alto e com menor diâmetro ou mais baixo e mais largo) e pergunta-se se continua havendo a mesma quantidade de contas em A e C (depois, em A e D, variando as configurações perceptíveis). Ora, as crianças pequenas negam esta conservação".[5]

---

4   Jean Piaget. *Psychologie et épistémologie*. Ed. Gonthier, 1970. p. 48, § De la psichologie génétique à l'épistémologie (§ Da psicologia genética à epistemologia).

5   Jean Piaget. Op. cit. p. 46.

A invariância, ainda que representativa – a dos volumes, pesos e matérias –, contradiz o universo da mudança e dos desaparecimentos no qual evoluímos.

A maioria das experiências que conhecemos conduziram em erros por causa de preconceitos que as dirigiam de forma subterrânea; esses preconceitos fincam raízes no familiar e no corporal que pesam sobre nós (como diz a fórmula, fomos criança antes de sermos homem). Uma verdadeira demonstração experimental deve expulsar as sombras da corporeidade-subjetividade que afetam a prova e produzem menos verdades do que convicções (a coloração, ao limite cenestésico).

Por toda parte, o corpo serve, principalmente, de trampolim a partir do qual nos projetamos para fora dele (máquina, esporte, ciência); a própria arte nos ensina a sobrepujá-lo.

Valéry nos convence, pelo menos, disto: a estética não é, para ele, apenas "a descoberta de sensações que já não têm papel fisiológico"? O próprio poema, embora nasça de um ritmo natural, procura logo transcendê-lo; ele o retoma, mas o nega e o eleva: "Eu saíra para descansar, pela caminhada e pelas vistas variáveis que ela traz... Quando seguia pela rua em que moro, fui tomado, de repente, por um ritmo que se impunha a mim e que me deu logo a impressão de um funcionamento estranho, como se alguém usasse *minha máquina de viver*. Outro ritmo veio, então, duplicar o primeiro e com ele se combinar. Estabeleceu-se entre eles não sei que relações transversais entre as duas leis; combinava o movimento entre minhas pernas que andavam, e não sei qual canto que eu murmurava, ou melhor, que se murmurava *através de mim*".[6]

Não insistamos. Conhecemos bem as teorias de Valéry a respeito do poema que, realmente, nada diz. Ele nos ensina que "ele nada tem a nos ensinar"[7]; ele revoluciona, assim, uma linguagem que se propõe sempre um objetivo. Da mesma forma, a dança se opõe ao caminhar, na medida em que ela conduz a um fim e se

---

6   Paul Valery. Op. cit. p. 1.322.
7   Idem, p. 1.334.

encerra quando esse fim é alcançado. A coreografia, ao contrário, não vai a lugar nenhum. Ela submete o corpo a movimentos livres e a multideslocamentos, quando não o lança em uma espécie de imponderabilidade.

Assim, uma vez mais, o corpo surpreende pelo seu imobilismo, sua inércia, sua pobreza, seus limites. A cultura só sonha com aumentar-lhe o campo ou ultrapassá-lo.

* * *

Nós mudaremos outra vez o registro, para considerar a existência de outro "metacorpo", mais discutível, é verdade, que os precedentes. A questão que ele suscita data de ontem, ou quase; para tratar de doentes incuráveis, a audaciosa cirurgia moderna recomenda a realização de enxertos. Ora, enxertos pressupõem a doação de órgãos.

Não discutiremos demais, aqui, esse assunto. Mas o direito se opõe, corretamente, à comercialização dos corpos, porque esse corpo, vivo ou até morto, não se separa do indivíduo; não poderíamos amputá-lo nem retalhá-lo, ainda que para fins humanitários, sem causar danos à própria pessoa, a não ser que ela mesma tenha manifestado a vontade de uma transferência dela para outro, procurando dar-lhe a cura, mas sem que possa disto obter qualquer benefício financeiro. Ninguém pode "vender-se", ainda que o queira, e ninguém pode comprar o corpo (ou um órgão) de outra pessoa.

Somos os primeiros a congratular-nos: a legislação reconhece, assim, a riqueza do organismo que não pode ser comercializado. O corpo não é "uma mercadoria" ou "um objeto": o sujeito nele reside.

O direito sobre o próprio corpo impõe respeito, embora as autoridades frequentemente fechem os olhos às práticas que violam esse princípio (a prostituição e até a venda de derivados do sangue, obtidos gratuitamente, pelo menos na França).

O legislador não pode evitar, porém, um drama ou uma espécie de contradição: se as doações voluntárias não bastam para alimentar os bancos de órgãos, deveremos renunciar a curar aqueles que morrerão por não receberem o rim, a medula óssea ou o coração que iria salvá-los? A lei Caillavet[8] elimina a interrogação, mas ela decorre, também, de um jogo duplo único: pressupõe que o doador não se opôs explicitamente, quando vivo, à retirada de seus órgãos (quando estiver em morte cerebral) e que, portanto, aceitou-a implicitamente. Quem cala consente! Mas quem abonaria uma solução tão capciosa e hipócrita?

Pensamos de outra forma: a partir do momento em que o corpo entrou no irreversível, não poderá a comunidade médica declarar direitos sobre ele? Será que a existência dos corpos vivos – um metacorpo comunitário – não prevalece sobre o individual no instante preciso da sua própria extinção (pelo fato da parada cerebral devidamente certificada)?

A doação continua sendo a melhor das respostas, mas, se não bastar, continuaremos preferindo o respeito devido aos mortos ao que merecem os vivos? Não será justo admitir, também, uma espécie de "corpo generoso" passando através das gerações, que poderia socorrer os infelizes ou os que estão mal, sem envolver dinheiro ou prestígio?

Nós não vamos fetichizar o semicadáver a ponto de impedir a cirurgia restauradora ou mesmo ressuscitadora. Salientamos que nossa resposta vale apenas na medida em que receamos a falta de tecidos ou de órgãos.

Amanhã, também – caso próximo, mas menos violento –, não está excluído que os doadores de sangue se tornem raros. Como, então, resolver o problema do fornecimento insuficiente se não por meio de uma espécie de "taxa de solidariedade", que obrigaria aqueles que podem ser solidários com todos, oferecendo-lhes aquilo que, em dado momento, não lhes pode faltar?

O corpo se insere em um conjunto mais amplo pelo qual ele se sacrifica parcialmente, mas que também poderia beneficiá-lo. Em resumo, o "direito ao corpo" – como todo direito, aliás – poderia impor-lhe algumas obrigações.

---

8   **N.T.:** Lei francesa de 1976, dispondo sobre a coleta de órgãos para transplantes.

* * *

Se, por toda parte, um "metacorpo" emerge e cresce – um corpo que ultrapassa e "superexterioriza" o nosso na cultura – com o "retorno ao natural", aos movimentos e gestos primitivos que teriam sido abafados pelos poderes socioeconômicos, assim como ocorreu com as ideologias que os defenderiam, não será entrar em um beco sem saída e andar para trás?

Tentamos reconhecer a riqueza deste corpo, riqueza tal que não conseguimos desdobrá-la inicialmente: não há nele vários eixos de desenvolvimento (a pluralidade)? Ele também foi o ponto de partida, é a base, e, sem dúvida, a evolução acelerada das sociedades o tratou ou afastou com excessiva brutalidade, mas não estará aí um motivo a favor do que denominamos "o corporeísmo"?

Além disso, este corpo serviu demais a uma cruzada, como se garantisse o contato com o solo, a autenticidade, o vigor – os valores da terra e do sangue, contra as abstrações, o artificial ou as falsas semelhanças.

Os opositores à transformação moderna lucrarão ao reinvestir o corpo e romper tudo o que parecia entravá-lo? O que poderá produzir esse movimento narcísico – a exaltação do instintivo e da pretensa saúde à moda nietzschiana, a não ser uma alienação mais sutil e mais temível? De fato, os apóstolos da espontaneidade não podem ignorar que substituem as proibições maiores (a repressão) por outras mais insidiosas e mais nocivas, não fosse apenas pelo culto de um corpo flexível, jovem, esbelto, quando, na verdade, envelhece, desgasta-se e não evitará a degradação e a morte, nele inscrita desde o início.

Além disso, eles desconhecem duas evidências que não paramos de comentar: de acordo com a primeira, o "corpo" pertence menos à natureza do que à história; portanto, não é possível, nem desejável, regredir a um pretenso estado zero para acabar com um corpo liberto dos ritos, das marcas que o cobrem ou das atividades que o modificam.

Em seguida, não poderíamos esquecer que esse mesmo corpo nunca deixou de trabalhar na sua exteriorização; ele se coloca, pouco a pouco, fora do que o envolve. Uma das suas principais conquistas consistiu em se ligar à tecnosfera: parte de seu funcionamento pôde ser delegada a sistemas materiais reguláveis (por exemplo, ele está menos envolvido na luta contra as diferenças de temperatura ou até, como já vimos, ao armazenamento de calorias, já que aquecimentos moduláveis e regulares asseguram um ambiente térmico mais ou menos constante, uma homeostasia não mais interna, mas externa).

Sabemos, também, que este mesmo corpo negou aquilo que o constituía para poder integrá-lo (a cerebralidade vitoriosa); ao mesmo tempo, ele o elevou e abriu-lhe o caminho da autossuperação sensório-motora.

Consequentemente, o corpo pôde precisar melhor seus gestos (a mais fina motricidade e a menos participativa, ao contrário de um holocinetismo difuso): a inscrição cortical do polegar é maior que a do tronco!

Ele soube afinar sua sensorialidade. Nós nos especializamos nas nossas extremidades ("o que há de mais profundo no homem é sua pele": o cérebro, de fato, resulta de um afundamento da epiderme). Para nos caracterizar e nos individualizar, não contamos com um visceral confuso, uma cenestesia pastosa ou um "interior" pouco diferenciado!

A alma e o corpo – duas palavras para uma mesma realidade – conseguiram uma reversão psicofisiológica profunda para dar espaço a um metacorpo que acarreta o atenuar do primeiro (daí o erro que constituiria reinvesti-lo e aumentá-lo). Poderíamos ver aí o advento do espírito.

Seguem-se, em cascata, numerosas perguntas: a da escola e do seu *status* não é a menor.

Se é preciso reconhecer o próprio corpo e suas possibilidades (a base da cultura), a escola também deve aprender a ir mais longe e melhor do que ele. Será uma apologia final do adestramento e da astenia? Será a pregação do disciplinar? É verdade que será bem difícil conciliar os dois movimentos – ao mesmo tempo vivificar e exercer aquilo que, por outro lado, afastamos ou suspendemos.

Mas deveremos desconfiar dos apologistas do corpo, do seu vigor e da sua saúde: aqueles que a defendem com tanto ardor estarão certos de que não lhes falta essa saúde? Não é esse o desejo dos enfermos? Querendo, assim, diagnosticar em excesso, assumimos ares de médicos; vivemos em um universo tipicamente patológico do qual desejamos, ao mesmo tempo, nos desprender.

No total, glorificamos o corpo múltiplo, mas desejamos limitar-lhe, também, as prerrogativas (ao contrário de uma indústria do sonho e dos fantasmas).

Ninguém duvidará que o corpo seja um desafio, um debate, e que a discussão a seu respeito nos remeta ao problema mais geral da vida cultural, das instituições e da política.

FORENSE
UNIVERSITÁRIA

www.forenseuniversitaria.com.br

bilacpinto@grupogen.com.br

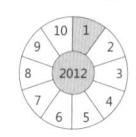

ROTAPLAN
GRÁFICA E EDITORA LTDA

Rua Álvaro Seixas 165 parte
Engenho Novo - Rio de Janeiro - RJ
Tel/Fax: 21-2201-1444
E-mail: rotaplanrio@gmail.com